樂律

# 黃河變遷史

## 〈禹貢〉與商族遷都

從神話源起到史料記載
橫跨數千年的水文考察

岑仲勉 著

U0087412

原流敘辯 × 河患遷徙
東周改道 × 流域分析

孕育中華文明的母親河——黃河，已流淌數千年

原流考證、大規模遷徙、分支河道變動……
從古文獻到治水研究，探索黃河的歷史變遷與人文影響，
細探這五千年來大河與文明的交織！

# 目錄

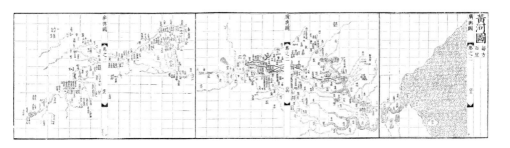

　　《廣輿圖》是中國現存最古老的地圖集，為明朝著名製圖學家羅洪先（1504 ～ 1564 年）根據元朝朱思本（1273 ～？年）的《輿地圖》製作而成。共兩卷。卷一為全國的「輿地總圖」，卷二則為「九邊總圖」，每幅地圖後面都附有簡短的說明和解釋圖。地圖集真實地展現了明朝中期整個中國的情況，在國內外均有深遠的影響，直至 17 世紀末，歐洲出版的中國地圖無一例外都是以其為基礎製作。

# 出版說明

　　岑仲勉先生是現代著名的歷史學家，尤以隋唐史和史地考證而蜚聲中外。《黃河變遷史》是岑仲勉撰寫的一部經典歷史地理作品，一經面世即在水利學界與歷史學界產生重要影響，被譽為「民國以來系統研究黃河問題的一部鉅著」，並受到李約瑟等海外研究者的高度重視。2004年4月，被收入《岑仲勉著作集》。

　　岑仲勉先生在該書導言中說起本書寫作緣由，1950年7月他在報上看到政府決定治淮的消息，認為治淮成功後，必繼之以治黃，而治黃工作將更為複雜，因此決定「努力探索黃河變遷史，盡可能盡到為人民服務的責任」。正是因為這個寫作動機，使得本書不同於一般的考史之作，而具有較強的「供治河者參考」的針對性。也正因如此，1957年此書的出版被列入當年「中國水文大事記」。

　　正如岑仲勉先生在書中所說：「科學研究之目的，是運用合理的方法，求取箇中的真相，滿足目前的需要。」「我們有了理論，還須要實踐，要隨著事勢的發展、環境的變遷而加以改進」。要更好地保護黃河，首先要更好地了解黃河，而在這部《黃河變遷史》中，岑仲勉先生運用唯物史觀，就黃河數千年的變遷所進行的系統性爬梳，就歷代治河得失成敗所

進行的總結，不但為當時的黃河治理提供了寶貴意見，對當今讀者了解黃河的歷史文化、了解幾千年間中華兒女與黃河共生的智慧，仍有其作用與價值。

此次編校整理，對書中引用史料進行了考核，一些筆誤、標點錯誤、印刷不清等，均作進行了修訂、整理。原書末附有十幅地圖，限於當時繪製及印刷技術，圖片及文字均較為模糊，難以辨認，為方便閱讀，我們參照原圖重新繪製了地圖。原書第十幅地圖因字小文密，即使核查原書也難以辨識，不得已刪除。

由於編者水準有限，編校錯訛在所難免，懇請諸位讀者批評指正！

編者

# 導言

在我尚未寫稿之前，總認為明、清兩朝的治河工作，與前代比起已經大大展開，河員們、學者們對河的歷史、河的變遷，早已有了綜合性、系統性的研究和報告，並不需要未曾實地視察過黃河的我，來參加這一項工作。

當一九五〇年春間我初授隋唐史課，講到隋煬帝開通濟渠的部分，略為參考前人的批判，知道那一回的工程，不過承襲古代遺跡，再加擴大。我於是檢閱了酈道元《水經注》和南北朝的交通史料，似乎對古代黃河的真相，獲得進一步的認識。然而事實仍嫌模糊，我於是再追溯而上，細讀《史記‧河渠書》和戰國雜說，同時把向來認為黃河權威作品的〈禹貢〉，參用近人新釋，施以剖析，上古黃河的真相，至是才得一線光明。總之，它的歷史、變遷，還夾雜著許多難解難分的問題，要待我們來發掘，這卻出乎最初意料之外。

同年七月，政府決定大力治淮。我從報上得知此消息之後，細想一下，黃是淮的鄰人，又是它的敵人，治淮成功，繼以大力治黃，那只是先後的事。然而淮是我們比較安靜的夥伴，黃則是搗亂的夥伴，治黃方案應從多方面著手，並不像治淮那麼單純。由於政府治淮消息的鼓勵，令我越是覺得在我個人能力所及範圍內，應該繼續努力探究黃河變遷史，

盡可能盡到為人民服務的責任。由於當時我趕寫兩課講義，又不斷地精進學習，工作只能抽出空暇的時間進行，所幸今天終於把我的研究寫成了。最遺憾的是：廣州方面自抗戰以後，圖書散失，近二三十年來各種水利雜誌登載過的建議和評論，不能廣泛參考，坐井觀天，勢必難免。

治河的技術，古代靠經驗，如靳輔說：「守險之方有三：一曰掃，二曰逼水壩，三曰引河。三者之用，各有其宜。」[001]都屬於這一類。近世尤要靠科學，如李協（即李儀祉）說，「以科學從事河工，一在精確測驗，以知河域中丘壑形勢，氣候變遷，流量增減，沙淤推徙之狀況，床址長削之原由；二在詳審計畫，如何而可以因自然，以至少之人力代價，求河道之有益人生而免受其侵害」[002]，就屬於這一類。我既未做過河務工作，又未讀過水文學，無論舊識、新知，都是門外漢。然而黃河的自然規律性，有幾分總從河的歷史暴露出來，要懂得它，便不能完全丟開河的歷史。

張含英說：「今日之治河，縱有科學之方法，新式之利器，如無科學之張本，長期之研究，而冒然設計，率爾從事，亦猶醫者對於久病之人，尚未察其病源，檢其身體，而欲遽施以醫藥，難乎其為治矣！」[003] 我不是說有了比較深入

---

[001] 《皇朝經世文編》一〇一。
[002] 《科學》七卷九期八九六頁。
[003] 《治河論叢》七二頁。

的黃河變遷史，就能馬上決定治河的方案；反過來說，黃河史就是預先安排的一部分，沒有較準確的黃河史，那就缺少一件很重要的安排依據了。

研究黃河變遷，也要知道上古跟近世情形有些不同。李協說：「夫使地球上無人類，則固無治河者，而河亦無所謂治不治也。蓋河出山泉以匯於海，中途或滯或湍，或潴或瀉，或歧或一，其於床址崖岸，或蝕或積，一皆本乎自然。河之有治有不治，則自有人類之關係始。」[004] 那無非見得時代越後，人類的勞動跟水鬥爭越烈，黃河的本性或多或少地被掩蓋著；時代越前，則黃河越能暴露出它的天真。即如上古的河決，不一定堵塞，自明代中葉以後，才持有決必塞的想法，那麼，可變的卻被人類弄成不變。又如銅瓦廂之決，在無事時候，必會設法堵住，可是清廷當日困於人力、物力，經過二十年後，新道已經深通，舊道不易恢復，只可聽其自流，那又本可不變，因受環境限制而造成其變遷的。我們對於這些，切不可機械地看作具有決定性的變化，我在本書中說明弘治八年築斷黃陵岡不能列為大變之一，也屬於這一類的例子。

《錐指》四一下說：「以書御者不盡馬之情，以古制今者不達事之變。」這兩句話是很不錯的。我們有了理論，還須要實踐，要隨著事勢的發展、環境的變遷而加以改進。比方墨

---

[004] 《科學》，同前九○○頁。

守著〈禹貢〉的殘篇，用經義來治河，以為但使能夠恢復「禹河故道」，便可安枕無憂，那真是食古不化的書呆子，在二十世紀的嶄新時代，必被淘汰無疑。但這並不是意味著我們連古書也不用讀，古書裡面包含著許多已往歷史的進展，前人的經驗。好的固可奉為後事之師，不好的也可取作前車之鑑。尤其是黃河自有史文以來，表現過什麼變化，透露過什麼特性，都值得我們注意及研究。

「治河即以治淮」，是黃、淮會流時代，明人所提出的口號。自去今約百年前，銅瓦廂潰決，黃河改向山東出海，黃、淮兩系離立，這個口號好像已不復適用；其實黃河對淮系各支流，隨時都帶著威脅性，二千餘年來的歷史已明顯地寫下不斷的紀錄，並非我們過於杞人憂天。黃河怎樣威脅淮系，本書隨處都有指出，這裡無須作詳細敘述。

黃河的問題，無論時間、空間，在中國都影響太大了。單就水災來說，多發生在河南和山東；左可以威脅河北，右可以殘害蘇、皖。究竟哪一方較為吃緊，各人的看法不同。像元余闕說：「南方之地，本高於北，河之南徙難而北徙易。」[005] 清孫嘉淦疏：「順治、康熙年間河之決塞，有案可稽，大約決北岸者十之九，決南岸者十之一；北岸決後，潰運道半者，不潰者半，凡其潰運者，則皆由大清河以入海者

---

[005]《禹貢錐指》四〇下。

也。」[006] 又翁同龢等疏：「或謂山東數被水害，遂以河南行為幸；不知河性利北行，自金章宗後河雖分流，有明一代北決者十四，南決者五，我朝順、康以來，北決者十九，南決者十一。」[007] 大致是說南方的地勢比北方高，所以河喜歡北行，北決的次數比南決多出不少。

反之，如胡渭說：「河一過大伾而東，不決則已，決則東南注於淮，其勢甚易。」[008] 又以為南決很容易。

我們首先要區別的，他們所說的「北」都針對著黃、淮合流時的情況，現在既經改道，就略有不同了。其次，孫、翁的統計怎樣得來，可不得而知，但我們試著覆案一下明朝的重要河決：

洪武二十四年　決入潁。

永樂十四年　決入渦。

正統十三年　決入潁。

弘治二年　決入潁、渦。

　　十一年　決入白河。

嘉靖十三年　決入白河。

　　十九年　決入渦。

---

[006]　《經世文編》九六。
[007]　《清史稿・河渠志一》。
[008]　《錐指》四〇下。

萬曆四十四年　同上。

崇禎十五年　同上。

其非決入潁、渦、白河的不計，也已有了九次，何嘗是「南決者五」？又清一代在咸豐五年以前，決入大清河或張秋的只得六次，而決入賈魯河、渦河的卻九次之多（參第十四節上），用歷史統計來作證，絕不見得「南徙難而北徙易」。

綜黃、淮混流及黃、淮合流來論，則自周定王五年前直至咸豐五年，實際上可說並未停止過。反之，從弘治七年（一四九四年）至咸豐五年（一八五五年），北流已大概斷絕了三百五十年，固然北流斷絕的原因，一部分是受人工壓迫的。

就現下的黃河流道來說，「北」應該指河北省，據我所推計，歷史時期當中，黃河流向天津附近出海的共有三回：

第一回　周定王五年（元前六〇二年）或後定王五年（元前四六三年）至戰國止，最多不過二百五十年，少或止一百一十年（見第五及第八節）。

第二回　漢武元光三年（元前一三二年）至王莽始建國三年（一一年），計一百四十二年。

第三回　宋仁宗慶曆八年（一〇四八年）約至金世宗大定二十年（一一八〇年），除去「東流」時期外，實約一百十五年。

三回合計，可能不足四百年。又第一、二兩回和第三回的前期，南方尚有汴河分流，第一、二兩回，北方也有漯川分流，專從天津附近出海的時期，實計只得五十年上下。至於決向河北的出事地點，第一回系宿胥口，今浚縣西南；第二回系頓丘，今清豐西南；第三回系商胡，今濮陽東北。換句話說，即不出豫、冀之交一百里的地方。

　　由上面所敍，可見河患因乎地域（或空間）的理論，固非毫無影響，也不能過分主張。此外還有別一套河患依乎時間的理論，如程大昌說：「利之所存，唯人希土曠，則河堧得以受水；稍經生息，則遙堤之外，展轉添堤，固其所也。則何怪乎漢、唐以及我宋，平治久則河決益數也。」[009] 他的結論系從「不與水爭地」得來。相反的，張含英卻看成「水災與國難」相連繫，他說：「多難之世，則必有河溢決漫之厄。蓋以人事不和，則私欲橫流，各利其私，互相爭奪，民生凋敝，救死不暇，天災之來，既未能防患於無形，更無力拯救於當時，及其潰決，只有聽諸天命，任黃流之洶湧，掃田廬成丘墟。」又說：「河道遷徙之變，幾無不在國家多難之時也。水災之原因固多，然人事不減，必其大者。以上所述，略就歷次大患言之耳。若細考每次之泛決，亦可得同樣之結論。」[010]

---

[009]　傅寅《禹貢說斷》四。
[010]　《治河論叢》八二及八七頁。

那些話雖不無片面理由，雙方卻都忽略了黃河本身的利病。王莽始建國三年之決，咸豐五年之決，雖當國家多事時期，可是，西漢文、武二帝，正鼎盛之世，宋真宗時算不得「國體衰弱」。六朝、五代最為動亂，人所皆知，但黃河並沒見什麼大變。說河患跟治亂相連繫，證之往事，頗難成立。

治河比同醫病，策略比同處方，醫病要了解病的經過，治河也要了解河的歷史。病狀同而病因不同，用藥就須酌量加減，潰決同而潰決的成因不同，防備就須隨時制宜。醫生如不取臨床證單一一檢閱，是很難醫到回春的，黃河變遷的歷史就是河患的臨床證了。黃河自有它的特殊性，我們談治河，如能夠詳審它的病源所在，雖然不可能一勞永逸（治河沒有一勞永逸的），但比較長治久安的方法，未必定做不到。又假使不檢閱臨床證單，唯是腳痛醫腳，頭痛醫頭，病是暫時好了；然而今年堵塞，明年複決，明年堵塞，後年複決，這樣來處治，哪能一日安寧呢？

在前並非沒有人研究黃河的變遷，可惜的他們淺嘗輒止，不能把它赤裸裸地表現出來，結果使得一般人低估黃河的危險性，進一步更會影響到策略錯誤；現在試舉治河很有能名的潘季馴為例。

潘季馴的《河議辯惑》曾說：「自宋神宗十年七月，黃河大決於澶州，北流斷絕，河遂南徙，合泗、沂而與淮會矣。

自神宗迄今六百餘年，淮、黃合流無恙。」[011] 要把他的話仔細分析起來，不知包含著多少錯誤：（一）宋代所謂「北流」，系專指流向滄州那一條河道，和「東流」的專名對立，並不是泛泛指流向山東、河北的河道。（二）《宋史》所稱熙寧十年（一〇七七年）「北流」斷絕，只是極短時間的斷絕，明年河即復歸北道（見第十節）。（三）熙寧十年之河決，系從山東之梁山泊，分為兩股：一股合南清河（泗水）入淮，一股合北清河入海，會淮的途徑，跟明代黃河會淮的途徑迥然不同（明代由陽武出徐、邳會淮，系金大定六年，即一一六六年以後之變局），而且北流（即普通稱不會淮之河流）還未斷絕。（四）熙寧十年河雖一度入淮，翌年即已斷絕，具見前文，自此以後，直至大定八年，才再發生由宋代的「北流」改為南北兩清河分流的變局（見第十一節）。（五）賈魯治河後十餘年，河屢決東平，一度分入大清河（一三六六年），這應該是潘季馴所謂北流（非宋代的「北流」），而他卻沒有算及。總之，在那五百多年當中，黃河不知經過多少變遷，一般人不曉得，還可原諒，但出自治河著名的潘季馴口裡，實在太過不精確了，這不是會令人低估黃河的危險性嗎？

再如清初的學者胡渭，也是知識界中盡人皆知的，他在《錐指例略》裡面指出截至康熙三十六年止，黃河曾發生過五次大變：

---

[011]《圖書整合‧山川典》二二七。

河自禹告成之後，下迄元、明，凡五大變，而暫決復塞者不與焉。

一、周定王五年河徙，自宿胥口東行漯川，至長壽津與漯別行，而東北合漳水，至章武入海，《水經》稱大河故瀆者是也。

二、王莽始建國三年河決魏郡，泛清河、平原、濟南，至千乘入海，後漢永平中，王景修之，遂為大河之經流，《水經》所稱河水者是也。

三、宋仁宗時商胡決河，分為二派：北流合永濟渠至乾寧軍（今青縣）入海，東流合馬頰河至無棣縣（今海豐）入海；二流迭為開閉，《宋史・河渠志》所載是也。

四、金章宗明昌五年（實宋光宗之紹熙五年）河決陽武故堤，灌封丘而東，注梁山濼，分為二派：一由北清河（即大清河）入海，一由南清河（即泗水）入淮是也。

五、元世祖至元中河徙出陽武縣南，新鄉之流絕。二十六年會通河成，北派漸微。及明弘治中築斷黃陵岡支渠，遂以一淮受全河之水是也。

但在《錐指》四〇下裡面，他把五期改作四期，對最末一期的說法又略有改變，現在也把它全錄如下：

定王五年歲己未，下逮王莽始建國三年辛未而北瀆遂空，凡六百七十二歲。

自王莽始建國三年辛未河徙由千乘入海……下逮宋仁宗

景祐元年甲戌有橫隴之決，又十四歲為慶曆八年戊子，複決於商胡，而漢、唐之河遂廢，凡九百七十七歲。

自仁宗慶曆八年戊子，下逮金章宗明昌五年甲寅，實宋光宗之紹熙五年，而河決陽武，出胙城南，南北分流入海，凡一百四十六歲。

自金明昌甲寅之徙，河水大半入淮，而北清河之流猶未絕也。下逮元世祖至元二十六年己丑會通河成，於是始以一淮受全河之水，凡九十五歲。

最不同的，前頭說一淮受全河之水在明弘治中（一四九四年），後頭又說在至元二十六年（一二八九年），計提早了二百零六年。其實，一淮受全河之水，最早應在金大定十九年（見第十一節），至元二十六年以前，黃河的北流早斷，與會通開河無關（參第十一、十二兩節），胡氏任一種的說法，都有錯誤，而《例略》的說法更壞。後人不詳看《錐指》的正文，所以仍把弘治七年（一四九四年）列作第五次。至於後來黃河再次分支北流，系從至正二十六年（一三六六年）起，但這一年究在某處決口？計到弘治七年（約一百三十年）中間北流的情勢怎樣？歷史上沒有明白或系統的揭示，我們只從下列的記事可以看出：

洪武六年八月，河水自齊河潰商河、武定境南。

二十四年，河水由舊曹州、鄆城兩河口漫東平之安山。

宣德六年，金龍口漸淤。

正統二年，決濮州範縣。

十三年七月，決新鄉八柳樹口，由故道東經延津、封丘，漫曹、濮、陽穀，抵東昌，沖張秋，潰壽張沙灣，東入海。

十四年三月，修沙灣堤，不敢盡塞，置分水閘，放水自大清河入海。

景泰元年五月，河決壽張。

二年，河決濮州。

三年六月，決沙灣北岸，挈運河之水以東。

六年七月，塞沙灣決口。

弘治二年五月，一支決入金龍等口，經曹、濮，沖張秋；至冬，決口已淤。

五年，河沖黃陵岡，犯張秋，挈漕河與汶水合而北行。

八年，築斷黃陵岡、金龍等口。[012]

由此約略得知，宣德以前，河水仍或斷或續地向北方分流，自此以後，金龍口漸淤。正統十三年，弘治二及五年都是特決，景泰元、二、三年決口系因沙灣置分水閘，如把弘治七年作為時期的分劃，不單止不切合實際，而且當日入泗、入渦或入潁，河流的大勢很亂，只呆守著前人不正確的

---

[012]　均詳十三節上。

觀點 —— 即南北地域性 —— 因人工築斷了北方支流的決口，便算一大變（或大徙），那末，同時黃河自動地在南方另闢支流算不算大變呢？有大變必有「小變」，大小的分別，恐怕不容易獲得滿意的界說。如認為時間長的便算大，則長短又是相對的名詞，憑什麼來規定？

　話還不止，胡渭列為四次大變的金明昌五年，照現有史料來尋究，簡直沒有那麼一回事。這年的河決只是離開汲、胙城兩縣，經陽武取直線衝出，毫無分流於北清河的痕跡。像這樣的水道移動，在黃河變遷史上實司空慣見，[013] 即如河離開濬、滑，胡氏以為在宋隆興之前（參第十一節），但胡氏並沒有把隆興時代列作一變，依同樣的推理，明昌五年便不能算為「大變」。何奈向來讀黃河史的人們都奉他為權威學者，無條件地接受他的考定，我的初稿寫畢之後，也還一樣接受他的話，後來修改過程中，才偶然發現他的錯誤。再後，我又檢得《明史》八三有過「金明昌中北流絕，全河皆入淮」的話，更見得我的推定，並不是個人臆測。

---

[013] 　據譚其驤說，北洛水本來是入渭的，明成化年間（-四六五～一四八七年）因黃河一小段偏西流，洛遂改道入河。到清咸豐間（一八五一～一八六一年）河的一段復偏束，洛又入渭。約光緒二十年（一八九四年）左右，河流再偏西，洛再入河。一九三四年大水，河流回向東，洛仍然入渭。又說，古代河套方面，以北河為正流，南河為支流，北河近河口處原有屠申澤，清人叫它做騰格裏海。清初北河河口淤塞，河的主流改行南河；中葉後騰格裏海變成沙阜，北河也縮小為今日的五加河。現在河套區以河為界，河南叫套內，河北叫後套，秦漢時總名「河南地」（《地理知識》一九五五年八期《黃河與運河的變遷》）。可見潼關以西的黃河也有改道。

　　而且所謂「河變」，與胡渭同時的學者已有不同的分析，如閻若璩《四書釋地續》列舉出的河變是：（一）周定王五年河徙鄴東。（二）漢武帝元封二年至宣帝地節元年河決館陶，分為屯氏河，東北至章武入海。（三）宋神宗熙寧十年河分為二派：一合南清河入淮，一合北清河入海。（四）明洪武二十四年河全入淮，永樂九年雖復疏入故道，而正統十三年終合併於淮。只有四次，又不數始建國三年、明昌五年及弘治八年那三次，和胡氏相同的僅周定王、宋神宗那兩次，可見學者之間意見很不一致。也就是說，我們很難作出一個界說，規定怎樣才算大變，怎樣不算大變。

　　胡氏的分析固然缺點很多，閻氏也是魯衛之政。首先而且最重要的，閻氏沒有數到鄴東故大河之斷流。其次，河全入淮並非始於洪武二十四年，永樂九年之復故道又不是把賈魯的故道整個恢復；即使讓一步來說，賈魯的故道何嘗不是河全合淮。反之，正統十三年之決，一支從大清河入海，一支由潁入淮，哪能說河終合併於淮？由這來看，閻氏對於黃河變遷的研究，大致實比胡氏更多疏漏；雖然他認周定王五年系徙向鄴東，這一點確比胡氏棋高一著。

　　譚其驤說：「雖其（胡渭）分次的辦法，劃分每次改道的標準年代，都還存在著問題，有待進一步研究，但暫時仍不妨沿用其說。」[014] 話又來了，科學研究之目的，是運用合理的

---

[014]　同上引文。

方法，求取箇中的真相，滿足目前的需要，如果明知它是錯，只因沒有別的說法來代替，就因陋就簡，沿襲著而不改，假如老年還作不出新的說法，我們是不是終久沿襲著錯誤的解釋呢？不破不立，唯其先掃清錯的舊觀點，才能激起真的新觀點出現。還有一層，我們進行研究時，如果仍遵循錯誤的道路走去，那麼，得出的結論必定同是錯誤的，這種流弊，不必徵引什麼例子，只取譚氏同一篇文章來看，就可得到一個明顯的教訓了。譚氏說：「從十世紀往上追溯到有史記載的開始，至少有二千年之久，大改道只有兩次。」他所謂兩次，無疑是守著胡渭周定王五年與王莽始建國三年的劃分；按鄴東故大河是周代河徙後的主要出海道，也是中國史冊上所見唯一最左傾之黃河故道，這一故道行走不久，即已斷絕，轉向山東出海，還能不算入大改道之內嗎？漢武元光三年河決瓠子，通於淮、泗，流行了二十餘年，比蔣介石集團所挖的花園口時間還要長，而他卻不算是一回事，可見關於河徙的胡氏誤說，真深入人們的腦筋，非大加澄清不可。「不妨沿用」的說法是我們所萬萬不敢同意的。

現在再由元至正二十六年起直至明末為止，河變的大概統計來做範例：

洪武元年（一三六八年），決入魚臺，徐達引河入泗。

二十四年（一三九一年），入潁，賈魯河故道淤。

永樂九年（一四一一年），宋禮引河復行魚臺會汶。

十四年（一四一六年），入渦。

正統十三年（一四四八年），改流為二道：一潰壽張沙灣東入海；一入潁。

景泰三年（一四五二年），複決沙灣東行。

四年（一四五三年），徐有貞引河復由渦入淮。

弘治二年（一四八九年），南北大決後併為一大支，由祥符出商丘丁家道口下徐州。

三年（一四九〇年），白昂引河入汴，汴入睢，睢入泗，泗入淮。

五年（一四九二年），犯張秋，掣汶水北行。

八年（一四九五年），劉大夏導河經蘭陽、考城，由曹出徐，又分由宿遷、亳州達淮。

十一年（一四九八年），大量由宿遷入淮，徐州水流漸細。

正德三年（一五〇八年），西北徙三百里，由徐州東北小浮橋入漕河。

四年（一五〇九年），再西北徙一百二十里，至沛縣飛雲橋入漕河，蘭陽、考城故道淤塞。

嘉靖十三年（一五三四年），決寧陵北趙皮寨入淮；又忽

自夏邑東北沖，經蕭縣下徐州東北小浮橋。

十九年（一五四〇年），決睢州野雞岡，由渦入淮；經考城入徐、呂者僅十之二。

二十四年（一五四五年），由野雞岡南決，至泗州會淮。

二十六年（一五四七年），決曹縣，沖魚臺之谷亭，南流故道盡塞。

三十七年（一五五八年），曹縣新集淤，河由單縣析為六派，又由碭山析為五派，俱下經徐洪。

四十三年（一五六四年），河統會於豐縣東之秦溝，餘派皆淤。

萬曆二十一年（一五九三年），決單縣黃堌口，分兩支：一支出白洋河；一小支出小浮橋。

二十九年（一六〇一年），決商丘蕭家口，全河東南注，趨邳州、宿遷，單縣黃堌口斷流。

三十一年（一六〇三年），決單縣、沛縣，灌昭陽湖，全河北注者三年。

三十四年（一六〇六年），曹時聘挽河由碭山朱旺口出小浮橋。

四十四年（一六一六年），決開封陶家店，經陳留入渦。

四十五年（一六一七年），決陽武脾沙崗，由封丘、曹、

單至考城，復入故河。[015]

「徙」的意義猶「改道」，洪武時承賈魯河故道，至清河縣東北會淮，二十四年忽改行潁水，至壽州正陽鎮會淮，永樂十四年又改行渦水，至懷遠會淮，難道還算不得「改道」嗎？這不是咬文嚼字的爭執，於事實上確有很重要的關係，因為正陽、懷遠均在淮水上游，坡度較大，淮自然不易被河水擋住以至逆流，反有助黃刷沙的力量。但會點在淮水下流之清河，情勢便大大不同了；清河地方的坡度當然很小，淮流到這裡，已喪失了建瓴之力，加以黃強淮弱，黃水倒灌極其容易，清口一塞，淮更受制，因而隨處氾濫，淮揚七州縣被災。簡單地說，黃河會入淮水的地點，愈在淮河上游，則淮受到黃害較少，愈在淮河下游，則淮受到黃害較大，這一個重點，明、清治河的人們大都沒有抓著，賈魯、潘季馴無比較長遠的功績，缺點也就在此處。季馴嘗稱讚賈魯河為銅幫鐵底，[016] 其實賈魯治河（一三五一年）後未夠十年，河便分支向北方衝去，僅四十年（一三九一年），更奪潁而出，故道遂淤；直至萬曆四十五年（一六一七年），黃河所行才算大概恢復了賈魯的故道，但至清代初期（也未夠三十年）又屢屢潰決，賈魯河為什麼不安其居？我以為從這些事實，便可尋出它的最重要原因了。

---

[015] 見十三節上。
[016] 《明史》八四。

話又回頭，大徙的「大」拿什麼作標準呢？如單拿方向來說，則如圖由 Aa 轉作 Ab、跟 Aa 轉作 Ac 或 Aa 轉作 Ad，有什麼不同的特徵？

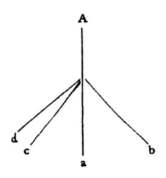

　　如論時間長短，則洪武二十四年入潁有二十年歷史，永樂十四年、景泰四年兩回入渦都有三十年歷史，時期可不能算短。根於這樣論證，我們試把前表審查一下，便覺得明代配稱作「變」或「徙」的總有許多次，單拿弘治八年築斷黃陵岡來代表明代黃河的大事，是多麼不切合實際！而更要宣告的，我們不能承認自有史以來配稱作「大徙」的只有六次，我以為即使依照他們的分割辦法，次數也儘可加至兩倍或三倍。我們如果不顧及實際，把「變」或「徙」的次數減少，是掩蔽了真相，引起了錯覺，其流弊使得：（甲）一般人以為經過二三千年，黃河大變才發生六次，平均每四五百年才有一次，就會錯估了黃河的危險性而減低了對它的警戒。（乙）以為某一個長時期當中沒有什麼河患，因而高估了那期治河的

成績，更進一步誤信當日某種治河方法確屬有效，失卻了糾正錯誤、改變方針的勇氣。比方從東漢永平直至唐末，經過八百多年，黃河沒有怎樣大異動，人們都信是王景治河的功績，大家推崇他為治河名人，那多半是對的——固然中間還靠著計不出的勞力繼續維持住他的成績——賈魯、潘季馴卻不同了。賈魯治河的後果，前文早批評過。季馴還在總河任上，已感到無法解除泗州積水的僵局，[017] 怎奈河官、學者多數對他抱有好感，不把他的後果詳細審查，只聽見表揚，不聽見批評；一般人更無暇細讀河渠史，相率信奉「束水刷沙」為治河不二的法門，清代河防搞不出大進步，是很受這種錯覺所阻窒的。而造成了這種錯覺的原因，就在於學者們任意減少了河變的次數，沒有和盤托出黃河變遷的真相。

根於以上所舉各種原因，如果我們還謹守胡渭的方法，把河徙一一編列為第幾第幾次，事實上將不勝其煩，有時且無法分劃，結果必定鑽入牛角尖去。為便於整理及避免繁轕起見，我曾提議廢除胡氏的數字編號法，對於每次河變，只猜想其影響，[018] 這裡不必再煩絮了。

還有一點，奪潁、奪渦的事，明清兩代屢屢發生，以前卻沒聽見，未鑽研過黃河史的人，一下不會明白。為什麼

---

[017] 同上。

[018] 《歷史教學》十六號，拙著《歷史教學上應怎樣掌握黃河的材料》（一一～一四頁）。

呢？那正是說明我前頭所稱自周定王五年（元前六○二年）以前，直至清咸豐五年（一八五五年），計二千四五百年或且不知多少年，黃、淮混流或黃、淮合流，在實際上未曾停止過，並非言過其實。上古有「濟」，東漢以後常稱作「汴」，它並不是一個獨立的水系，它只是周定王五年以前的「黃河故道」，周定王五年以後的「黃河分流」。它的尾閭一部分會入於淮，但它當中途經行時，又可分泌於淮水的支源——潁水、渦水。換句話說，元代以前，黃河並不是跟潁、渦毫無關係，而是經常入潁、入渦的。進入了元代，可就不同，汴渠中段已被黃河侵占（見第十二節），於是首演黃河奪渦的變局（約一二三五～一二五一年，見第十一節）。後到洪武十五年（一三八二年），汴渠首段也完全淪入黃河（見第十二節），舊日之「黃河故道」即汴渠，至是又再恢復為「黃河新道」，直到清末，奪渦、奪潁之事乃層見疊出，那就是今昔情形不同，其變動方式也發生差異了。今將元初至今黃河入渦、入潁，分列兩表如下：

（甲）黃河入渦表（至某年為止，歷史常無明瞭之記載，又往往有間斷，故只記起年。乙表同）

元初（約一二三五～一二五一年期間）。

明永樂十四年（一四一六年）。

景泰四年（一四五三年）。

弘治二年（一四八九年）。

嘉靖十九年（一五四〇年）。

萬曆四十四年（一六一六年）。

崇禎十五年（一六四二年）[019]。

清雍正元年（一七二三年）[020]。

乾隆二十六年（一七六一年）。

乾隆四十三年（一七七八年）。

乾隆五十二年（一七八七年）。

嘉慶三年（一七九八年）。

嘉慶十八年（一八一三年）。

嘉慶二十四年（一八一九年）。

道光二十一年（一八四一年）。

道光二十三年（一八四三年）。

同治七年（一八六八年）。

光緒十三年（一八八七年）。

（乙）黃河入潁表

明洪武二十四年（一三九一年）。

---

[019]　這一次是人工的決水。

[020]　史料只稱南入賈魯河。按賈魯河下游本會入潁河，但考乾隆二十六年決出尉
　　　氏賈魯河，分入渦、汜會淮，又四十三年歸賈魯新河，下達亳州之渦河，均
　　　不稱入潁，故這裡作為入渦計算。

正統十三年（一四四九年）。

弘治二年（一四八九年）。

清光緒十三年（一八八七年）。

按元代史志雖未明著入潁，然由至元二十五（一二八八年）、二十七（一二九〇年）及延祐三年（一三一六年）的河患紀錄來看，顯有入潁的事實（見第十二節）。入潁的次數僅及入渦的四分之一，而且入潁（賈魯河）往往同時入渦，單稱入潁的只有洪武、正統兩次，大約潁水的地位較西而路曲，且海拔度也較高的緣故。現在除去同時分入兩水及人工潰決不計，即七百年中，平均每約四十年發生一次。又入渦的次數，不單止比入潁為多，歷史也比較長久，據史志所昭示，洪武入潁走了二十年，永樂入渦走了三十餘年（見第十三節），元代入渦最少也有八十年以上（即憲宗初至後至元三年，見第十二節）；總而言之，豫東若有潰決，走渦那條路是最可能而易見的。

其次，黃河史材料怎樣搜採和整理，也應帶說幾句。像金代的初期，金、元交替的時期，歷史上都留著模糊或空白的頁面，我們首先應該盡各人的力量，剖解殘存的材料，加以申明、補充。又像《金史・地理志》，縣名下面間有附註「黃河」字樣，很容易令人誤會那些縣是金代黃河經行的地方，但試跟北宋末《元豐九域志》一比，才曉得兩本書實是一

樣，所差的，金志較為簡略。我再把《九域志》跟《元和志》一比，又曉得《九域志》的來源，系直接或間接抄自《元和志》，不過把已廢的縣名改頭換面。我們一不小心，以為金志必記金代後期黃河的經行，宋志必記宋代後期黃河的經行，拿它作討論根據，那就大糟而特糟了。從這裡，我們得到了教訓，就是前人輯地誌的方法，大約只把隸屬名稱，照當代的制度略為更改，其各縣所轄的山川，則大致抄襲舊文，記不起黃河的河道是隨時改變，沒有顧慮到時間、空間，我們必須提防著別要上它的當。

　　檔案比較可靠的，是地方官報導當日該管轄地的情形，和治河官陳述當日河務進行的狀況，即使片鱗半爪，總不至十分脫離現實。但這個條件的適用，也有一定限度，比如周金是嘉靖十五年的督漕，漕和河密切相關，河道的變遷，他應該時刻留心，試觀他所奏「自嘉靖六年河流益南……」比勘當時章拯、潘希曾、戴時宗各督河的奏報情形，恰恰相反（參第十三節上注 83）。又如一些官吏或學者記述多年前的往事，我們就須審查他們的話有無錯誤，才可利用；屬於這類的例子，只參看前頭我對《河議辯惑》的批評，和第十四節上糾正陳世倌、包世臣等的錯誤，便可促起我們的注意，無須多所列舉。

　　纂輯的書，則常犯重複的毛病：如《行水金鑑》二二，嘉靖五年下引《明會典》：「是年，黃河上流驟溢，東北至沛

縣廟道口，截運河，注雞鳴臺口，入昭陽湖。」（同書一五六引《明副書》同）同書二三，嘉靖六年下又引《續文獻通考》：「是年，決徐州及曹、單、城武、豐、沛等縣，楊家口、梁靖口、吳士舉等處，沖入雞鳴臺⋯⋯東溢逾漕，入昭陽湖。」（同書一五七引《治水筌蹄》同）今考《明世宗實錄》稱五年六月，「徐、沛河水溢」，又六年十月下稱，「先是六月間黃河水溢，奔入運河，沛縣地方沙泥淤填七八里⋯⋯給事中張嵩等言去秋河塞，皇上特命章拯⋯⋯併力修濬」。比較了這幾條記事，便覺得橫截運河、注雞鳴臺都應發生在五年，也許修治還未好，因而六年水漲的時候，仍跟著上年的決路灌入，但斷非開始在六年。編《行水金鑑》的沒有經過細心研究，至把這件事重複地敘述。簡單地說，參考的書本越多，越易犯上這類毛病，只有隨時小心，或可減少錯誤而已。

　　如上所述，因為傳聞異辭或轉錄錯誤，兩書不相符的例子固然很多，甚至同一作品也犯此弊，其致誤原因仍不外是根據或錯解兩種不同的史料。例如《南河全考》既稱萬曆二十一年「五月，河決單縣之黃堌口」[021]，又稱二十五年「河複決單縣之黃堌口」[022]；其實二十一年黃堌決後，總河楊一魁不主張堵塞，黃河水仍時時從決口通過，並無所謂「複決」。

---

[021]　《行水金鑑》三六。
[022]　同上三九。

　　依於這種種矛盾，初次閱讀河史的人們就很難掌握，以前既沒有專工校勘的作品，如果我不把我所見到的地方一一舉出，或替它作個考證，聽任後來的人揣測，顯然未有盡我所應擔負的義務。就說我所考證不一一正確，也未嘗不可打下一個基礎。困難可又來了，全數考證都放入正文，勢必喧賓奪主，因之不能不擴大附註，最後幾節中間有附註比正文還多，那是不得已的辦法，相信對參考方面總會有多少輔助的。

　　還有一點值得一提的，一般歷史以朝代斷期，已屬勉強，黃河變遷史當然更無這樣劃分的必要。可是黃河史較有詳細的記載，只起自西漢，從三國起至六朝末葉，關於正流的資訊，幾可說絕無僅有，李唐一代也資訊不多。由北宋遞到金，由金遞到元，又各有長時間的空頁，非依朝代分節，就界限不清。近世明、清兩代材料豐富，考證的附註特別多，為便於檢查，故一節之中，再分作上下。

　　前人記載所用的「河」字，往往不指或不專指黃河。如《金史‧地理志》的「河倉」，《元史‧五行志》的「河溢」，我將在第十一、十二兩節有所說明。明人這樣的用法尤多，現下我只拈出幾件來範例：如洪武十七年正月，「彰德府奏臨漳縣河決」；十八年九月，詔「去年河決臨漳」[023]；永樂元年八月，「修河南安陽縣河堤」，「工部言山東福山縣河決護城堤」；

---

[023]　均同上一八引《太祖實錄》。

十年六月,「河南鄢陵、臨漳二縣驟雨,河水壞堤岸」;十三年六月,「山西布政司言遼州淫雨,河水暴溢」,十二月,「山東館陶縣、北京南樂縣民自陳今夏河水泛溢」;十六年七月,「大名府魏縣言河決堤岸」[024]。我們知道除去鄢陵一縣之外,其餘臨漳、安陽、福山、遼州、館陶、南樂、魏縣等地方,都非當日黃河正流、支流或支源所經,而編《行水金鑑》的號稱專家,卻把那些材料完全收入黃河史裡面,是多麼可怪的事。

由這,可見我們研究黃河變遷,對前人搜得的材料,還須先下一番選擇工夫,不能無條件接受。

關於上述的種種困難,有時就不能不應用詳細的剖析方法,希望可以解決未經解決的問題,寫作上於是弄成繁複而無法精簡;甚至令人看去,幾若離題萬里。然而在最近以前,我們沒有一部完整可靠的黃河歷史,我浪費些無謂筆墨,總會得到閱者的同情和原諒的。

同時為要補救剛才指出的缺陷,我再把每一節的內容在節末寫出簡單的結論,使閱者易得明瞭其大概。

涉寫作問題,本篇內屬於著者敘述、批評的部分,都盡量利用語體,以便通俗。唯在兩種場合下,卻不能不保留文言:其一,凡引用前人的建議、記載、考證等等,如一一翻

---

[024] 　均同上引《成祖實錄》。

作語體，工作是非常困難。著者的麻煩還是次要問題，古人文字簡奧，偶不小心，便失去真意，甚至與原文相反；例如賈讓的三策，著者的解釋就跟前人迥然不同，假使依照任一方面的意見來翻譯，都犯了抹煞另一方面的偏差，那是不能不照引前人文言的理由。其二，關於歷朝的河事編年表也是一樣，例如《金史》的河決陽武、貫封丘而東，《元史》的黃河復於故道，可能有不同的解釋，譯作語體，也不能怎樣改變。原文既有點含糊，如果插入別的字樣，不單止失去本來面目，而且會引起讀者的誤會，這又是不能不保留文言的理由。

> 一九五二年七月二十三日，廣州中山大學北軒，
>
> 修正去年底的寫稿
>
> 一九五五年七月全稿再度補完

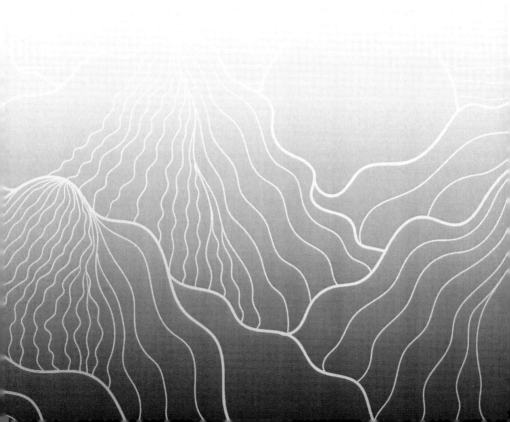

# 第一節
## 黃河重源說的緣起

黃河重源，現在我們總知道絕對不可信的了。[025] 黃河非重源，算是已經解決，但黃河重源說是怎樣發生的？還未有人加以「合理」的解釋。解釋黃河重源的緣起雖於治黃無直接關係，唯是黃河重源說是黃河歷史未解決的第一個環節，所以必得先從這裡說起。何況這裡面含著多少玄祕，有若干中國歷史上極重要的問題，如上古的西北交通、周族從什麼地方遷來等等，都可藉此得到啟示或因而解決呢。

漢以前遺文如《山海經・海內西經》稱：「海內崑崙之虛……河水出東北隅以行其北，西南又入渤海，又出海外，即西而北入禹所導積石山。」又《爾雅・釋水》：「河出崐侖虛，色白，所渠並千七百一川，色黃，[026] 百里一小曲，千里一曲一直，河曲。」都曾說及河源，可是與今地的對照還不十分清楚，能夠明白地敘述黃河上源出自西域的首先要算張騫對漢武帝的奏記，他說：

于闐之西，則水皆西流注西海，其東水東流注鹽澤；鹽澤潛行地下，其南則河源出焉，多玉石。河注中國，而樓蘭、姑師邑有城郭，臨鹽澤，鹽澤去長安可五千里。匈奴右方居鹽澤以東至隴西長城，南接羌，隔漢道焉。（《史記》一二三〈大宛傳〉）

---

[025]　還有極少數人是相信的，參看第二節。

[026]　邢昺疏讀「所渠並千七百，一川色黃」為句，是錯的；《爾雅》的本意原說河的初原為白色，下流收納了一千七百零一個支川，變為黃色。如以七百斷句，說只有「一川色黃」，在文義和事實上，都屬難通。

根據《史記》，張騫當日出使的經歷，去時是「出隴西，經匈奴，匈奴得之」，回時是「並南山欲從羌中歸，復為匈奴所得」，留了一年多，趁匈奴內亂，始逃亡歸國。依匈奴當時領域（「居鹽澤以東至隴西長城」）的情形來考量，可以推測張騫並未嘗經行塔里木河的正流，也不曉得羅布泊（即鹽澤）是怎麼樣子，他報告裡面這一段話完全得自傳聞。比方「其南則河源出焉」那一句當然意味著青海的「重源」，但「多玉石」一句事實上卻指于闐的「初源」，由此可見張騫的河源知識是很模糊的。後來便有進步了，漢朝派赴西域的使人越來越多，所以《史記》同傳又說：「而漢使窮河源，河源出於窴，其山多玉石，採來，天子案古圖書，名河所出山曰崑崙云。」前人對於《史記》這一段記載，往往以為崑崙的名稱，由武帝所臆定；但《淮南子》那本書寫成於武帝初期（也就是在張騫歸國之前），它已稱，「河水出崑崙東北陬，貫渤海」，又「河水九折注海而流不絕者，有崑崙之輸也」，這可說明即使沒有武帝的考定，人們也懂得那方的山脈就是相傳的崑崙山。

江浦青以為河和崑崙，各有兩個的原因，「可以說漢武帝重通西域，定崑崙于闐關南山後，便將整套本部的地名搬西域用去」。這個解釋有好幾點講不通，已被鄭德坤反駁。[027]但鄭氏自己所說：「河水流域有兩道大水，同名河，他們發源的山又同名崑崙，他們流注的海又同名渤海。這是很清楚

---

[027] 《燕京學報》十一期二三一九～二三二一頁，層化的河水流域地名及其解釋。

的。歷來的學者不知有這樣的『湊巧』的現象，鬧出許多笑話呢！」[028] 他所謂「笑話」是指《山海經注》《水經注》等。殊不知西方的（塔里木）河是因東方的（黃）河而得名，上古人只看成是一道水的兩段；「青海的崑崙」又因真河源顯露而被後世所層化，鄭氏不清楚演變的過程，所以說是「湊巧」。

綜合前引《史記》，我們可取得三種觀念：（一）張騫未出使以前，西域那方面早就有塔里木河是黃河上源的傳說。（二）中國上古圖書也有黃河出自崑崙的記載，武帝所以曉得這些山名叫崑崙。[029]（三）黃河或被認為和黃河有關的流

---

[028]　同上二三一四頁。

[029]　《史記》又說：「《禹本紀》『言河出崑崙，崑崙其高二千五百餘里，日月所相避隱為光明也，其上有醴泉、瑤池。』今自張騫使大夏之後也，窮河源，惡睹《本紀》所謂崑崙者乎？」司馬這一段批評，有應該釐清的三點：（一）司馬所見到的《禹本紀》，是否即漢武帝所檢的圖書，吾人無從斷定。（二）司馬認為張騫曾窮河源，是未加考實而信筆寫出的，已辨見本文。（三）惡睹崑崙一句，古人多未了解，《史記集解》說：「鄧展曰，漢以窮河源，於何見崑崙乎？《尚書》曰，導河積石，是為河源出於積石；積石在金城河關，不言出於崑崙也」，認黃河不出於崑崙，就現在來看，是正確的；可是太史公的文章，毫未含有這樣意思，太史公的真意，更未嘗說西域無崑崙山，去駁正漢武帝的考定，鄧展的解釋，可說是兩層誤會。其次，《索隱》說：「言張騫窮河源至於大夏、於寘，於何見河出崑崙乎？謂《禹本紀》及《山海經》為虛妄也」，仍脫不了同樣誤會。這皆由前人推測太史公的意旨，不外「疑河不出崑崙」或「疑世無崑崙」（見《史記志疑》三六）兩層，所以說來說去，總搔不著頭腦。據我所見，能了解《史記》這段文字的，古今來只有陶葆廉一人，他著《辛卯侍行記》卷五說：「論者謂誤始於《史記》惡睹崑崙一語，其實不然。詳審《史記》原文，司馬遷因當時君臣好談神仙，於此文隱寓諷諫，惡睹崑崙一語，意在表明醴泉、瑤池怪物之必無，非謂無崑崙也。下又言『《尚書》近之』，意若曰：崑崙者《尚書》所謂西戎，安睹仙人瑤池之說乎。此節與五帝紀書黃帝崩葬橋山以闢乘龍上升之誣，用意相同，班固（《張騫傳贊》）抄錄《史記》，不察寓意，刪去瑤池怪物等句，若《史記》專辯崑崙者，後儒承班氏之誤，令司馬遷受誣，茲特揭而出之。」我試將陶氏

域，上古人只單稱作「河」（又如《河圖始開圖》：「河凡有五，皆始開於崑崙之墟」），後人因為「河北得水為河，塞外得水為海」[030]，始加上「黃」字以示區別。

武帝檢查的是哪種圖書，我們無從曉得。[031] 現世所傳的《山海經》，並非同一時代同一個人的作品，像前引的《海內西經》，寫成時期最早不會早過戰國。僥倖地我們還存有一部較古的遊記，即《穆天子傳》，在卷四裡面記著周穆王（元前十世紀）西行的里數：

自宗周瀍水以西北，至於河宗之邦，陽紆之山，三千有四百里。自陽紆西至于西夏氏，二千又五百里。自西夏至于珠余氏及河首，千又五百里。自河首襄山以西南，至於舂山、珠澤、崑崙之丘，七百里。

又《初學記》六引《穆天子傳》：

河與江、淮、濟三水為四瀆，河曰河宗。（今本沒見這一段，且文氣不相類，疑是後人的附註）

我們首先要知道，從周代[032]到最近以前，地誌的記里，

---

說再為引申一下：《史記》這句話原是「惡睹《禹本紀》所謂日月相避，上有醴泉瑤池之崑崙器者乎」的略出，古人寫文務求簡約，遂致二千年後始有人作出正確的解答，那可見讀古人書之難了。

[030] 同前《史記索隱》引《太康地記》。朱熹《釋河》也說：「北方流水之通名。」唯胡渭《禹貢錐指例略》說：「江、河自是定名，與凖、濟等一例，非他水所得而冒。」這段話還要斟酌，參看下文第七節。

[031] 《通典》疑即《禹本紀》，見下文第二節引文。

[032] 甲骨文尚未發見「里」字。

　　大致是以實際旅程為標準，不跟歷代的尺度而改變，所以周里、漢里無甚差異（參注 10 及 15）。其次，宗周灅水即後世之澅水，[033] 不是成周（或洛陽）的澗水。根據這兩種決定來進行比勘，那麼，在宗周（今西安附近）西邊七千四百里的「河首」，應相當於塔里木正流之某一點，這一點西南至崑崙丘七百里。[034] 換句話說，河出崑崙或黃河重源的傳說，最少可追溯到元前十世紀了。

　　黃河出現在陝、甘通道上面（今蘭州地面），和塔里木河的終點羅布泊，直距也有二千多里，前人何以將黃河與塔里木河聯為一起？這可循兩種途徑去尋求解釋：

　　（甲）假定上古時代有些種族從西方沿著塔里木河向東移徙，行到羅布泊時候，只見一片汪洋，別無出路，塔里木河天天向東流，為什麼積年累月羅布泊總沒表現過氾濫的徵象？這是古人所無法解決的疑問。[035] 及後再向河西走廊行去，忽然遇見一條同樣東流的巨川，因而認定黃河的上源，是從羅布泊潛行而出；《漢書》九六《西域傳》所說：「蒲昌海，一名鹽澤者也。去玉門、陽關三百餘里，廣袤三百里，

---

[033] 見拙著《穆天子傳地理考實》（未刊）。

[034] 《漢書·西域傳》，于闐「去長安九千六百七十里」，拙著校釋（未刊）以為應作七千六百七十里；崑崙山還在于闐的南方，所以七千四百加七百，得八千一百里，大致與漢傳相合，也是周里、漢里無甚差異之一個確證。

[035] 《河源紀略》二二說：「于闐河北合蔥嶺河，東流三千餘里，受水大小十數，而盡注於廣袤三百里之蒲昌海，果使其下無伏流，亦得之容之乎？」仍帶著這種疑問。

其水亭居，冬夏不增減，皆以為潛行地下，南出於積石為中國河云，」就是這個道理。[036]（乙）指向和（甲）的假定恰恰相反，即是說，有些種族從中國內地向西北方面行去，因而認羅布泊為黃河的上源。

　　從表面看，兩種假定看似皆有其可能，但沿黃河從東而西的時候，似乎應轉入羌地，因而了解黃河真源的方向，不應牽涉到西北二千餘里外並無關連的羅布泊。再看近世考古學在中國所發現青銅、彩陶等遺物，和西方的很相類似，而中國的青銅遺物，都是精製，未見粗製，[037] 處這種種情狀之下，都很難令人主張（乙）項上古種族西徙的假定，即使有，也是西漢以後的事。[038] 此外，有人想應用地質學來解釋重源的現象，但須知重點在地下能否滲透那麼遠，單憑兩處的地質觀察，依然是不能解決問題的。

　　由此，我們可以體會到因中國文化是發源於黃河流域，黃河重源問題的解答，跟上古史有著密切的關聯，研究時如不結合這個問題作檢討，也探不到上古史的祕密。現在，試舉出我所知道的三點：

---

[036]　杜佑《通典》以為因張騫從大夏回，看見兩道河流入蒲昌海，因疑其潛出積石（引見下文第二節），說甚中肯；不過猜測的不是張騫，而是再前千餘年自西向東遷徙的種族。

[037]　參《東方雜誌》四一卷五號五五頁拙著。

[038]　斯坦因在羅布泊附近掘出的人骨，經專家鑑定與漢族相近，有人即引此以為上古漢族西徙的憑證。但這批人骨的時代，我們尚未能測定，安知非西漢及以後之徙民。

第一，天山，甚至是吉爾吉思草原的方面，[039] 當元前十世紀時，早已有了交通，近世外人在天山山脈道上發見移民遺跡，即可作為一個解釋；殷墟之有軟玉，[040] 亦可藉此而解決。

第二，最可注意的《穆天子傳》二說：「赤烏氏先出自周宗，太王亶父之始作西土……封丌璧臣長季綽於舂山之虱，妻以元女，詔以玉石之刑，以為周室主。」太王亶父相傳是文王的祖父，文王享壽九十七歲；又據《穆天子傳》四，崑崙丘再西三百里才是赤烏氏舂山，由於周家有親串住落崑崙丘那邊，我們敢相信黃河重源的說法，系隨周族東來而輸入。張含英在他所著的《治河論叢》屢屢說：「我族沿黃河而東，開拓華夏」（四一頁），「我華民族沿河東來」（四六頁），又「吾華民族自西徂東，沿河而下」（九一頁），黃河問題總與我漢族一部分的祖先的移徙有關，所不同的，看各人怎樣解釋罷了。

第三，黃河重源說與上古伊、印族的地理知識，完全從

---

[039]　沈曾植《穆天子傳書後》：「卷四末，里西土之數，與《漢書·西域傳》《魏書·西域傳》大略相符，所謂自宗周至西北大曠原萬四千里，以今里法減折算之，大曠原蓋今裏海、鹹海之間大沙漠，東迤北至烏拉嶺東吉里吉思高原也。」（據《阿母河記》四七頁轉引）年前我試寫《穆天子傳實實》，也得到同樣結果，可謂不謀而合。顧實乃以為「大乖謬」（《穆天子傳西征講疏知見書目》三四頁），則因他誤認周里＞六國里＞漢里＞現代里。遂將周穆王西行終點，延伸到波蘭平原，同時又強解宗周漻水為洛陽漻水，說穆王未出國以前先在國裡面兜了一個大圈子，有這種種錯覺，所以反而妄詆他人了。

[040]　參《六同別錄中》一頁李濟研究中國古玉問題的數據。

一個模型冶鑄出來，例如佛經說：

> 此無熱池東有銀牛口，出殑伽河，即古所謂恆河也，右
> 繞池匝流入東南海。南有金象口，出信度河，即古辛頭河
> 也，右繞池匝流入西南海。西有瑠璃馬口，出縛芻河，即
> 古博義河也，如上繞池入西北海。北有頗胝師子口，出徙多
> 河，即古私陀河也，如上繞池入東北海。[041]

那四條水就和《海內西經》崑崙墟下的赤水、弱水、黑水
及河水各各相當。又《山海經·西山經》說：

> 西南四百里曰崑崙之丘……河水出焉，而南流東注於無
> 達。赤水出焉，而東南流注於汜天之水。洋水出焉，而西南
> 流注於醜塗之水。黑水出焉，而西南流於大杅。

把洋水、黑水分而為二，和《海內西經》洋水就是黑水
有點衝突，那是古代傳說所常見的。依我的見解，汜天就是
內典的梵天，印度人稱恆河之一支雅魯藏布江（發源於中國
之西藏）為 Brahmaputra，字義是「梵子」，汜天之水即恆河的
別名。信度河的原名作 Sindhu，急讀便可變作醜塗。上古有
Dahce 族人住落於裏海附近，大杅即 Dahce 的音寫。這不是
我個人的見解，清乾隆時，王紹蘭早就以無達比阿耨達，[042]

---

[041] 據《釋迦方誌》一轉引。

[042] 王紹蘭說：「阿耨者，華言無也，《西山經》曰，崑崙之丘，河水出焉，而
　　　南流東注於無達，無達即阿耨達矣。」（見《重論文齋筆錄》六）按阿耨達之
　　　梵文原語作 Anavatapta=an+avatapta，義為「無熱」，阿利安結合語之冠首 a
　　　等於漢語之「無」，但下連母音時便作 an，音義兼譯，在古代譯文裡面，例

近人吳廷錫考黑水在今藏、衛之間，[043] 張鵬一又以縛芻河為古弱水，[044] 可見無論舊學家或新學家，都覺得中國上古關於崑崙山下各水的敘述，和佛教的傳說息息相通，而佛教的傳說又必接受於吠陀，即印度人尚住在五河流域的時代（元前十世紀以上）。[045]

黃河不單止說重源，而且說有三源；如《水經》稱河水「又出（渤）海，南至積石山，下有石門，又南入蔥嶺山」（這個積石不是甘青方面的積石）。又《初學記》六引《水經注》及《山海經注》：「河源出崑崙之墟，東流，潛行地下，至規期山，北流，分為兩源：一出蔥嶺，一出于闐。」是蔥嶺之外，還有一個最初的潛源。

中國之水，有重源的又不單止黃河；除濟水重源，下文第七節別有詳論外，《水經注》一三記桑乾水的發源：「耆老

---

子不少。唯「佛經」說河水從阿耨達池流出，《西山經》說河水流入無達，究不盡同，所以無達是否指阿耨達，還有疑問。明弘治年間（一四八八～一五○五年）楊子器繪的《全國地圖》，於星宿海再西記阿耨達山名稱，註明是「黃河源」，李元星以為阿耨達山就是現在的雅合拉達合澤山，河源出自山的西南方（一九五五年《科學通報》六期七八頁），這一點須得加以討論。內典的阿耨達山大致指今印度庫施山一帶，與真河源相距很遠，河源在它的東南，不是西南。河源出火敦腦兒即星宿海的西南，早詳元朱思本的譯文（引見第二節），不是子器創見。圖將河源繪作兩個分支，更無非承襲史漢「河有兩源」之舊說。綜括來論，楊子器的圖是綜合史漢、內典和朱思本的書說而作成的，相信他對於河源並沒有什麼真切了解。

[043]　據《阿母河記》敘。

[044]　見所著《阿母河記》一頁。西人又說，徙多即巴利文 Sida，系「弱水」的意義；有時亦稱藥殺水為徙多河。

[045]　一三七五年（洪武八年）加泰隆（Catalan）地圖所繪中國各個河流都發源於一邊（《中西交通史料彙編》二冊一六七頁），依然受著古說的影響。

云，其水潛承太原汾陽縣北燕京山之大池。……古老相傳言，嘗有人乘車於池側，忽過大風，飄之於水，有人獲其輪於桑乾泉，故知二水潛流通注矣。」是桑乾水有重源。又《史記》一二三〈索隱〉：「積石本非河之發源，猶《尚書》導洛自熊耳，然其實出於蔥嶺山，乃東經熊耳；今推此義，河亦然矣。」是洛水也有其重源。

　　然則重源是我們漢族的玄妙理想嗎？不，西方的河川也有相類似的傳說。蒙古初期馬黎諾里（Marignolli）遊記稱：「河流至 Caffa 對岸，[046] 沒於沙中，後乃再出，過 Thana 而瀦成巴庫海（Sea of Bacue）。」張星烺說：「河流入沙中，似指阿母河而言。[047] 馬黎諾里由 Sarai 至阿力麻里（Almalik）時，或嘗經過之，當彼在 Sarai 時，又必嘗見窩瓦河，故謂瀦成巴庫海也；巴庫海為裏海之別名。……中國人自昔即有以黃河發源於蔥嶺，流經喀什噶爾，成塔里木河，入羅布泊，再地下潛行，復出於青海而成黃河之說；新疆之人，亦有謂喀喇沙爾附近諸水來自西海（即裏海）者。馬黎諾里經過諸地時，或得聞此異說，故有此誤會也。」[048] 拿西方的傳說來比黃河重源，止所謂讀書得問。又十四世紀教士巴斯喀爾（Pascal）留

[046]　據《中西交通史料彙編》二冊一五六頁。Caffa 在黑海的東岸。

[047]　阿母河在裏海的東邊，依上條注 Caffa 在裏海的西方，是這一條河並非指阿母河，而且阿母河當蒙古初期尚直接流入裏海，鹹海之構成是後來的事，張說誤。

[048]　同前引《彙編》一六八～一六九頁。

下的書籍簿冊，曾提及底格里斯（Tygris）河，張星烺說這一條河「即窩瓦河，《馬哥孛羅遊記》亦稱窩瓦河以是名。蓋中世紀人誤信窩瓦河為即底格里斯河上流，入裏海後，經地下而與底格里斯本身合。」[049] 又亞塞拜然（Azerbaijan）之 Daitya Araxes 河，相傳是潛行裏海的地下，於海之它側，復出為烏滸河（Oxus，即現「阿姆河」）。[050] 這些都是流行於西方的潛源傳說，跟中國的傳說沒有什麼差別。究竟這種理想最初發生於哪一個區域，值得我們來檢查一下。據我個人的意見：

（1）從歷史的發展來看，如果假想漢族的祖先去追尋河源，則實際上黃河是來自於甘肅的南方，他們自然地要向羌人住區追求它的上流。為什麼循著跳躍式的發展，無緣無故，忽然指向數千里外的羅布泊，而羌地裡面河源的真身，反到千餘年後（唐代）才略露曙光。重源說不像發生於中國，如前面所提，且蔥嶺之外，還說有潛源，這一層更顯然是當地土人的傳說，沒有理由可以承認為東方人的推想。

（2）也許有人以為漢族文化，曾傳播到西域；從歷史時間性來看，這更難以成立。漢化西行，是西漢以後的事；依前文所引《穆天子傳》，西周初期，人們就已認為塔里木河和黃河有關。即使撇開這一段史料，而《山海經》的一部分總是戰國時期寫成的，它和漢武帝所檢的古圖書，司馬遷所見的

---

[049]　同上二六一頁。

[050]　印人 Nagen. Ghose 著 The Aryan Trail in Iran and India 二五八頁注。

《禹本紀》，都說河出於崑崙，張騫回來時的報告也是一樣。這些都在漢武開通西域以前，很難認為漢族文化所影響。

（3）人類思想的引申，都有其當前的背景，山頂的泉池，崖邊的瀑布，經年不涸，滔滔不絕，初民當然會尋測它的來龍。但在結結實實一塊大陸上面，說從數百里甚而數千里之外，有水泉潛行地下，因而再露出地面為大河，終究屬於難以理解的事實。唯住在沙漠或沙漠邊緣的民族，因環境關係，他們的領悟就有點不同了。沙漠的性質，最易滲透，水於地面滲入，卻從數十里外再行湧出，並不是稀奇的事。[051] 初民的腦筋還是比較簡單，應用演繹的方法，便不難推想到數百里或數千里之外，都是一樣。然而從空間來看，中國境內沒有沙漠，這種想像是不會出現在中國的。清康熙帝曾說：「沇水伏流三處，其實不止沇，凡水發源處多是伏流，嘗問蒙古人，言之甚詳。」[052] 塞外蒙古人的漢化程度很淺，尤其是中國古典裡面那種玄奧的理論，一般蒙古人是不會知道的，為什麼他們也說「多是伏流」呢？要理解這個問題，必須了解蒙古族的文化多來自於突厥族，而亞洲西北的草原及沙漠，正是突厥族的搖籃，所謂草蛇灰線，不難蹤跡而知。再由於上古傳說的散播或近古蒙、藏兩族的交通，即在西藏的民族中，最近也表露出這種想法，周鴻石說：「（雅

---

[051]　參看第二節所引閻文儒的話。
[052]　《康熙東華錄》一七，康熙四十八年十一月下。沇水即濟水。

拉達澤）山下的水向北都流入了柴達木盆地，向南都流入了
長江上源的通天河，兩者對黃河都毫無關係，可是藏民們，
之所以把這個山叫做黃河源頭，他們的意見是說，雅拉達澤
與約古宗列只有一小土嶺之隔，約古宗列的水，是由這裡經
地下滲流過去的。」[053] 我們如果把這種意見和《山海經》、內
典連繫在一起，豈不是黃河、長江和柴達木河都是同源嗎？

　　總括前舉三點，便見得黃河發自崑崙和羅布泊潛通於河
西那兩種想法，顯然帶著西北邊境民族思想的色彩。其他如
濟河、桑乾河、洛河的重源，都是後來的話，是從黃河重源
說產生出來的。

　　還有人懷疑著重源說不會來自西域，我更要提出一種佐
證，就是蒲昌海的名稱及情況，在《漢書》之前，早已傳入希
臘人的耳裡，給他們記載下來，這雖然不是直接證明，究竟
是個間接證明。希臘末期地理學家馬里努斯（Marinus）從馬
其頓商人梅斯（Maes）那裡（約六八〜八〇年），得知今新疆
省內的湖泊情形，到西元一五〇年左右（東漢桓帝時），希臘
學者托勒密（Ptolemy）著書，把它蒐羅進去。在托氏的地圖
上，我們看見絲國（Serica）境內有兩道大川：北邊的名俄科
達斯河（OEchordas），由兩支河源合成，向東行很遠，流入
大山脈下的湖泊；南邊的名包諦薩斯河（Bautisus），也是兩
水合成，流入一個湖泊。在前，許多地理考證家都把南邊的

---

[053]《新黃河》一九五三年元二月號五〇〜五一頁。

當作雅魯藏布江。只有斯文‧赫定（Sven Hedin）任為無論馬里努斯或托勒密，都不知道有西藏那個區域，托氏的地圖只是把塔里木河和羅布泊重複繪出；重複的原因也很簡單，當日那一類的報告，必有兩種來源，馬里努斯或托勒密沒有想到它們的內容其實是指同樣的東西。

赫定認為湖只是一個，那是對的。關於兩道河的解說，卻未能使人滿意。我們知道羅布泊最遠的一源，是葉爾羌河與喀什噶爾河的交會，與兩支河源合成向東行很遠的話相合；玄奘一出蔥嶺，便到烏鍛國，這個名稱至今沒有好好地還原，省去希臘語尾，OEchord 可能與之相當。又蒲昌，高本漢切韻還原為 B＇uot ∂＇iang，西方語言很少見 —— ng 韻母，而中國則特多，例如突厥古文字的 Qoto，中國翻作高昌，依此推測，Baut(i)su 實相當於「蒲昌」的音寫。喀什噶爾河跟于闐河（今「和田河」）的會點，在沙漠深處，容或旅行商隊並不知道，或以國名為河名，或以湖名為河名，編纂家只據傳聞，無法統一，遂弄出兩河、兩湖了。最要的是天山一帶的地理名詞，在漢以前，幾乎全數是西北方的本語，不是「漢」語，那麼，該地當日及以前流行著西北族的傳說，就可想而知。

總之，周、秦兩族本來是西方種族之一支，並參雜突厥族的血統，[054] 我在討論歷史分期的各篇更有所引申，這裡不必細述。

---

[054] 參看《東方雜誌》四一卷三號拙著。

　　本節的研究，歸納起來，結論是：

　　重源說系黃河史的第一個環節，須得從這個環節解起。這種想法很明顯是從西方輸入，所根據的理由：

　　一、水泉滲入地下，於不遠處再行湧出，是沙漠常見的現象，也就是重源說的胚胎。當西方種族向東移徙時，目擊羅布泊不增不減，再沿河西走廊朝東而行，看見黃河，就認為潛源復出。如果由於東方人追尋河源，必會沿岸左轉入羌地，無緣硬指西北二千餘里外的羅布泊。又據西方傳說，蔥嶺之外，再有重源，也是一個旁證。

　　二、河出崑崙，與承接吠陀之佛教傳說相同。

　　三、說重源比較詳細的，如《穆天子傳》《漢書·西域傳》，都是旅行西方的記事。漢以前天山南路的地名，幾全數是西北族的語言，沒有絲毫漢化痕跡。

　　四、西域各大河流幾於都有重源的傳說。

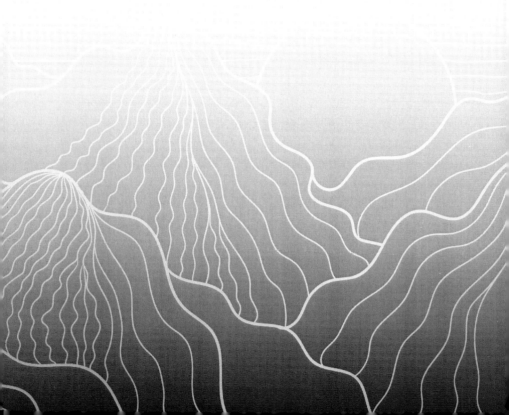

# 第二節
# 重源說經過長時期而後打破

　　從現代地理學者的眼光來看，黃河重源確不值一辯。可
是，經過了三千多年，直至十九世紀末，中國頗有名的地理
學者像陶葆廉，依然保持著「河有重源，均出崑崙，稽古證
今，一一吻合」[055] 的成見，這可說明流行已久的傳說，要打
破它，是一件極不容易的事。

　　黃河的重源發在哪裡呢？一般都以為〈禹貢〉「導河積
石」的積石。然而積石又在哪裡呢？這個問題到現在還沒搞
清楚。大約河源真相呈現的程度，可以積石的搬動作指標，
用術語來說，就是積石的地理層化越向東或東南方移來，河
源的真相就跟著越為明白。

　　積石的名稱，也見於《穆天子傳》《水經》和《山海經》的
《西山經》《海內西經》《海外北經》及《大荒北經》，今將《穆
天子傳》和《西山經》較為重要那兩段文字引述如下：

　　乙丑，天子西濟於河，爰有溫谷、樂都，河宗氏之所遊
居。丙寅，天子屬官效器，乃命正公郊父受敕憲，用申八駿
之乘以飲於枝洔之中，積石之南河。（《穆天子傳》）

　　又西三百里曰積石之山，其下有石門，河水冒以西流。
（《西山經》）

　　先就《西山經》來說，崑崙丘西三百七十里為樂遊山，
西水行四百里為流沙，二百里至嬴母山，西三百五十里為玉

---

[055]　《辛卯侍行記》五。

山，即西王母所居，西四百八十里為軒轅丘，又西三百里才是積石山；試把里數加合起來，知道這個積石山在崑崙丘西邊二千一百里，[056] 在西王母所居的玉山西邊七百八十里。換句話說，這個積石山顯然在現在的中亞地面，和中國一般所謂「積石」完全無關。[057]

其次，說到《穆天子傳》，據我的研究，居延海附近水草豐美，與沙漠的長途旅行非常有關係；上古人為供給利便，從隴右向沙漠行去的便會選此地為出發點，而由沙漠向隴右行來的也以此地作為目的地。後至秦漢時代，匈奴逐漸南侵，居延海地點太過暴露，而且是當著敵人南下路線的一個重要場所，旅行西方的出發點，不得不改移於供給較為困難之敦煌，即玉門、陽關兩處。再後，因沙漠向南方展拓，西通于闐的舊路，一天一天的難行，同時，匈奴的威脅又漸漸解除，人們遂寧願拋棄較迅速的旅途，改從供給最困難的安西，向伊吾（即今哈密）出發，漢代原有的玉門關，也隨著時勢的需要，移向北邊安置（即隋唐直至現在的玉門關）。這一連串的發展、變化，都是結合著環境、人事而轉變的。

上面一大段的話，無非表明周穆王開始向沙漠旅行的時候，是從居延海附近出發，就是河宗氏的所在，也就是「積

---

[056]　郝懿行《山海經箋疏》二作一千九百里，是漏計贏母山二百里。

[057]　《河源紀略》二二：「又《水經》云，出海外，南至積石山，下有石門，然後南流入蔥嶺；據此，則積石山當在蔥嶺之北。」也見到這一層。

石之南河」的所在。自羅布泊向東來的人們，忽遇著蓄水頗
多的居延海及其上源的張掖河，因而臆測為羅布泊潛水復見
的現象，這是自然不過的簡單想像。現代學者顧實不從客觀
方面查證，既認定「河宗之邦實奄有今河套之北岸」[058]，繼
又將積石安置「在今青海土爾扈特南前旗」[059]。但我們試細
讀《穆天子傳》卷一，自戊寅（顧改作戊申）日起下至丙寅日
止，穆王都是留連於河宗附近，如果依顧實的考定，穆王正
循著河套出發，忽又跑去西南約二千里之青海，這種倏南倏
北的狀況，是否適合乎古今交通路線的條件？又是否預備作
長途旅行的人所應有？我們對顧氏那種考證，不能不認為偏
於唯心方面了。

　　《穆天子傳》的南河積石應在居延海附近，[060]既如上說，
然而腦袋的玄想，終敵不過事實的昭示，張掖河是由南向
北的流水，黃河是由西向東的流水，很難把這兩水結合而為
一。[061]〈禹貢〉的「導河積石」，雖然沒有明確的指標，可能

---

[058]　前引《講疏》二五頁。

[059]　同上四六頁。

[060]　《山海經箋疏》二以為《山海經》和《穆天子傳》的積石都即「《括地誌》所謂大積石山」，非也，參看下注 8。

[061]　《水經》二：「又東入塞，過敦煌、酒泉、張掖郡南。」顯然誤把張掖河與黃河連合而為一。《通典》一七四：「自蔥嶺、于闐之東，敦煌、酒泉、張掖之間，華人來往非少，從後漢至大唐，圖籍相乘，註記不絕，大磧距數千里，未有桑田碧海之變，陵遷谷移之談，此處豈有河流？」即專駁《水經》此項記述；《紀略》二三以為「不信蒲昌以下伏流之說」，頗未了解《通典》的文義，雖然，《通典》是不信伏流的。

意味著移向東南。漢到昭、宣之後，已經建置西北邊郡，羌地亦漸開通，《漢書》二八下《地理志》「金城郡河關縣」載，「積石山在西南羌中」，將積石轉移到南方來，是古代地理層化中常見之事，這可算是國人對於黃河真源的初步認知。此後，如《後漢書》九五記段潁向羌人追擊，「且鬥且行，晝夜相攻，割肉食雪，四十餘日，遂至河首積石山，出塞二千餘里」。《水經注》二：「（積石）山在西羌之中，燒當所居也，延熹二年，西羌燒當犯塞，護羌校尉段潁討之，追出塞至積石山，斬首而還。」又《隋書》二九「河源郡」有「積石山，河所出」，說法跟《漢書》都沒有什麼不同。

　　積石雖然一再遷移，而積石所在，仍可任人指定，所以唐人又生出大積石、小積石的區別。[062]《史記·夏本紀正

[062] 《史記》二《正義》：「《括地誌》云：『黑水源出伊吳縣北百二十里，又南流二十里而絕。三危山在沙州敦煌縣東南四十里』。按南海即揚州東大海……其黑水源在伊州，從伊州東南三千餘里至鄯州，鄯州東南四百餘里至河州，入黃河，河州有小積石山，即〈禹貢〉浮於積石，至於龍門者。然黃河源從西南下，出大崑崙東北隅，東北流經于闐入鹽澤，即東南潛行入吐谷渾界大積石山，又東北流至小積石山。」張守節引《括地誌》的文，只至「東南四十里」句為止，以下是守節申明自己的見解（參看《紀略》二一，又孫星衍輯《括地誌》佚文，亦未收大積石山一段），《山海經箋疏》八認黃河源從西南下數句為《括地誌》之文，實是誤讀《正義》。又《元和郡縣誌》三九「河州」，「按河出積石山，在西南羌中，注於蒲昌海，潛行地下，出於積石為中國河，故今人目彼山為大積石，此山為小積石」，謂河由羌地注入蒲昌海後，再出於河州，說更離奇；求其致誤的原因，無非積石一名之層化，致生枝節。複次，《紀略》二一說，「《水經注》云，河北有層山甚靈秀，嚴堂之內，時見神人往還，俗不悟其仙者乃謂之神鬼，彼羌目鬼曰唐述，因名之為唐述山云云；是此山本名唐述，不名積石，其謂之積石，不知始何人」，已悟出積石名稱之層化；但又拘執地認積石在西南羌中，則所見仍未徹底。

義》引《括地誌》:「積石山今名小積石山,在河州枹罕縣西七里,河州在京西一千四百七十二里。」(枹罕今臨夏)在下游平空添出一個小積石,《史記正義》也依照它的說法(參看注8)。《通典》一七四「鄯州龍支縣」:「積石山今縣南,[063]即《尚書・禹貢》云導河積石。」又「自積石山而東,則今西平郡龍支縣界山是也」(龍支今樂都南)。更直稱下游的山作積石,不復作大小之別,[064]對於漢後唐前的羌中積石,卻根據古典替它安上「崑崙」的名稱。由此可知,「河源的崑崙」也向東南方層化,這是「積石」和「崑崙」相替換的過程。

　　自西漢末至唐代初期,足足過了六百年,「黃河之水天上來」的上流真相,仍然矇在鼓裡。之後,唐跟吐谷渾發生衝突,又因吐蕃吞併了吐谷渾,唐、蕃來往多經由河湟,所以黃河的實際情形,陸續傳入我們的耳裡。最先是貞觀九年(六三五年)吐谷渾屢屢入寇,李靖統兵出討,侯君集為積石道行軍總管。「靖等進至赤海,遇其天柱王部落,擊大破之,遂歷於河源。……侯君集與江夏王道宗趣南路(即東路),登漢哭山,飲馬烏海。……經塗二千餘里,空虛之地,盛夏降霜,多積雪,其地乏水草,將士噉冰,馬皆食雪。又達於栢

---

[063] 《元和志》三九「河州枹罕縣」,「積石山一名唐述山,今名小積石山,在縣西北七十里」。又「鄯州龍支縣」,「積石山在縣西九十八里,南與河州枹罕縣分界」。與《括地誌》和《通典》相比勘,《括地誌》的「七里」應是「七十里」之奪文,《通典》的「縣南」亦似作「縣西」較合。

[064] 宋蔡沈《尚書集傳》把大、小積石混而為一,那是再後的事。

梁，北望積石山，觀河源之所出焉」（《舊書》一九八《吐谷渾傳》）。《侯君集傳》大致相同，但多「轉戰過星宿川，至於栢海」一句（《新吐谷渾傳》及《通鑑》一九四同）。我們首先要知道這一回戰役，李靖從兩邊進軍（今新疆東南），君集、道宗從東邊河湟進軍，故兩路都到達河源。其餘幾個地名，據事理求證，我懷疑烏海就是現在的卡拉海，蒙古語卡拉，黑也。[065] 栢梁，《太宗實錄》作栢海（栢海也見《會要》九七及前引《新傳》），據《通鑑考異》十引唐人《十道圖》，烏海、星宿海、栢海並繪在青海子的西邊，《河源紀略》一八疑栢海即扎凌和鄂凌，[066] 藤田元春直謂栢海即河源，[067] 我還不敢斷定，因《新傳》又有「栢海近河源，古未有至者」的話。星宿川，唐《十道圖》別作「星宿海」，萬斯同以為古今同地，唯《紀略》一八獨持異議。[068] 就事實而論，河源的初步發現，應歸功於這一回戰役許多群眾的力量，貞元宰相賈耽曾著《吐蕃黃河錄》四卷，相信他已收集了貞觀間許多異聞，可惜片紙不傳，傳下來比較詳細的資訊還要在李靖輩二百年以後。

不過，劉元鼎 [069] 未往吐蕃之前，我們對黃河的真相已

---

[065]　參拙著《唐史講義》五九節注一四。

[066]　同上注一六。

[067]　本段以上所引，多見《支那學》三卷十二期〈說河源〉（大正一四年）。

[068]　同前引拙著《講義》注一五。

[069]　《唐會要》九七〈新吐蕃傳〉，《通鑑》二四二及《輿地廣記》均作劉元鼎，唯薛季宣《書古文訓》、吳澄《書纂言》及《元史》六三〈地理志〉皆誤作薛元鼎。

相當明瞭，這可拿杜佑最先反駁黃河重源說為例，他的名著《通典》一七四曾說：

其《漢書·西域傳》云，河水一源出蔥嶺，一源出于闐，合流東注蒲昌海，皆以潛流地下，南出積石為中國河云；比《禹紀》《山經》，猶較附近，終是紕繆。案此宜唯憑張騫使大夏，見兩道水從蔥嶺、于闐合流入蒲昌海，其于闐出美玉，所以騫傳遂云窮河源也。按古圖書名河所出曰崑崙山，疑所謂古圖書即《禹本紀》，以于闐山出玉，乃謂之崑崙，即所出便云是河也；窮究諸說，悉皆謬誤。孟堅又以〈禹貢〉云導河自積石，遂疑潛流從此方出；且漢時群羌種類雖多，不相統一，未為強國，漢家或未嘗遣使詣西南羌中，或未知自有河也。寧有今吐蕃中，河從西南數千里向東北流，見與積石山下河相連，聘使涉歷，無不言之，吐蕃自云崑崙山在國中西南，則河之所出也。

因為河出崑崙，所以杜佑主張崑崙在吐蕃，《河源紀略》二二曾有一大段話反駁他：

自古言崑崙者，但聞在中土之西北，不聞在中土之西南。……且崑崙者，產玉之山也，故《爾雅》云，西北之美者有崑崙虛之璆琳、琅玕焉，《史記·大宛傳》云，漢使窮河源，河源出于闐，其山多玉石……今吐蕃無玉而于闐多玉，豈得反以在吐蕃者為崑崙，在于闐者為非崑崙乎？

要了解兩方的理由，須先知道崑崙的原語。崑崙本是于

闐文「南」的意義，[070] 古籍所說的崑崙虛或崑崙山，都在于闐的南邊。杜佑因為知道黃河的的確確來自吐蕃，舊日書本又總說河出崑崙，為求事實與書本配合，因此稱吐蕃的山為崑崙；萬斯同《崑崙河源考》說：「唐書之崑崙，漢語既曰紫山，番語又曰穆穆哩，何以知其為崑崙而稱之？劉元鼎雖身履其地，不過因古書河出崑崙之言，從而附會之，非其實也」（穆穆哩即前引《新唐書》的悶摩黎），就是意味著「吐蕃的崑崙」是出於後人附會。換句話說，「吐蕃的崑崙」是後起的、層化的，吐蕃土人對於這座河源所出的大山，並沒有「崑崙」那種稱謂（參看拙著《崑崙一元說》），近世學者稱河源附近的山脈為「中崑崙」，只因脈絡連繫而立名。杜佑知黃河非重源而不解古說之何以離奇，清人（即纂修《河源紀略》的人）知崑崙在西北而不知河出崑崙之確無根據，雙方都各有其理由，也各有其缺陷。

到唐穆宗長慶元年（八二一年），特派大理卿劉元鼎前去吐蕃作會盟使，明年他回國，給我們帶來一份極可寶貴的材

---

[070] 《新疆論叢》創刊號七五‧～七六頁，拙著華族西來說得到第一步考實。若干隆上論所說：「於貴德堡之西，有三支河名昆都倫，乃悟昆都倫者蒙古語謂橫也，橫即支河之謂。此元時舊名，謂有三橫河入於河，蒙古以橫為昆都倫，即回部所謂崑崙山者亦系橫嶺」（《紀略》卷首）。據我看來，已曉得注重空間性，但同時卻忽略了時間性。它主張「崑崙自在回部」，見解是相當正確，但回部在上古時代，並非蒙古語流行的地面，蒙古語之行用於貴德堡一帶，也是蒙古人南遷以後的事。而且崑崙的各種異議，像阮喻、昆陵、混淪、祈淪，中間均未含有「都」字的音，「昆都倫」和「崑崙」無關，也就顯而易見了。《紀略》一二又以枯爾坤為崑崙之音轉，更不可信。

料，今將《新唐書》二一六下《吐蕃傳》所記摘錄於後：

元鼎逾湟水至龍泉谷，西北望殺胡川，哥舒翰故壁多在。湟水出蒙谷，抵龍泉，與河合。河之上流，繇洪濟梁西南行二千里，水益狹，春可涉，秋夏乃勝舟。其南三百里，三山，中高而四下曰紫山，直大羊同國，古所謂崑崙者也，虜曰悶摩黎山，東距長安五千里。河源其間，流澄緩，下稍合眾流，色赤，行益遠，它水並注則濁，故世舉謂西戎地曰河湟。河湟東北直莫賀延磧尾殆五百里，磧廣五十里，北自沙州西南，入吐谷渾寢狹，隱測其地，蓋劍南之西。元鼎所經見，大略如此。

文內的河湟「東北直莫賀延磧尾」無疑是「西北」字的錯誤。其餘地名、里距也有兩三點應加以說明的：

一、洪濟梁《通典》一七四「廓州達化縣」，「又有洪濟鎮，後周武帝逐吐谷渾築，在縣西二百七十里是」。又《元和志》三九「廓州」，「金天軍在積石軍西南一百四十里洪濟橋」。按「橋」「樑」的意義相同，荒僻之區尤其黃河上游，有橋梁的地方便是市鎮，所以洪濟鎮、洪濟橋、洪濟梁必同為一地。廓州舊址，據《通典》，東南到安鄉郡河州三百九十里，西北到西平郡鄯城縣（今西寧）二百八十里，則可能在現在通化橋[071]的附近。再根據《元和志》三九，達化縣東去

---

[071]　據沈煥章氏《青海概況》說：「通化橋，此橋為木架成，長二十丈，寬丈餘，在化隆與循化兩縣間，黃河上游最大之橋也。」按朱思本說：「……又折而東

廓州三十里，再加二百七十里，則洪濟鎮在廓州西約三百里；積石軍在廓州西南一百五十里，再加一百四十里，則洪濟橋在廓州西南二百九十里，與前數可說相當，這也是洪濟鎮、洪濟橋同為一地的證據。由是，再依里距往西推，吐谷渾王阿豺所築的澆河城在達化縣西一百二十里（據《通典》一七四），不可能是現在的貴德，[072] 貴德卻有點像唐的洪濟梁。吳景敖錯認「橋梁」作「山梁」，謂洪濟梁即札梭拉大山口，[073] 顯然不對。

　　二、西南行二千里，這似乎是指沿著上流水道而行的里數，所以揭明「河之上流」。按《河源紀略》一二：「河源重發至甘肅河州西界共二千九百里，以經緯度按鳥飛圖法計之，實一千四百餘里。」清代的河州西界大約即唐代的廓州西境，又元朱思本稱河源至蘭州四千五百餘里，依此相比，元鼎計作二千里，未為過量。而且，段潁「遂至河首積石山，出塞二千餘里」，侯君集等「經途二千餘里」（均見前引），「二千里」是舊日一般計算所得數。吳氏既把洪濟梁位置於偏西，又誤會是元鼎本人陸行的道里，因此會有「倘非迷途繞行，

---

北流，過西寧州、貫德州、馬嶺，凡八百餘里，與遂水合。……又東北流，過十橋站、古積石州來羌城，廓州構米站界都城，凡五百餘里，過河州，與野龐河合。」是積石州、廓州都在貴德以東之確證。複次，《新書》四〇廓州米川縣，「貞觀五年置，又以縣置米州，十年州廢，隸河州，永徽六年來屬」，據《元和志》三九米川西至廓州一百里，構米站可能是唐代米川的遺址。

[072]　吳景敖《西陲史地研究》說：「貴德系澆河故址。」（三頁）
[073]　同上一一～一二頁。

或迂迴沮洳」的誤解。[074] 董在華說，「走兩千多里遇到黃河是很有可能（雖然比現在湟水、黃河間的距離幾乎遠了一倍）……」[075] 也未盡了解《新唐書》的文義。

三、悶摩黎山《紀略》一八以巴彥哈拉山當之，吳氏謂蒙古人撤帳去後，巴彥哈拉的名稱已消失，藏人再度遷入，又通稱為察拉。[076] 依言音轉變之理，可能即「抹必力」（見下文）的異譯，必力又疑與滿洲語「必拉」（河也）有關。

此外，《新唐書》四〇「鄯州鄯城縣」下記著入吐蕃的路程，也說及黃河，其路程的前段如下：

西六十里有臨蕃城，又西六十里有白水軍、綏戎城，又西南六十里有定戎城，又南隔澗七里有天威軍，軍故石堡城，開元十七年置，初曰振威軍。[077]……又西二十里至赤嶺，其西吐蕃，有開元中分界碑。自振威經尉遲川、苦拔海、王孝傑米柵，九十里至莫離驛。又經公主佛堂、大非川二百八十里至那錄驛，吐渾界也。又經暖泉、烈謨海，四西四十里渡黃河。

這段描述明顯是抄自賈耽《通道記》。據藤田元春說，乃現在西寧、青海橫斷入藏之道。從鄯城至黃河渡計

---

[074] 同上一一～一二頁。

[075] 〈黃河河源初步研究〉（一九五三年《科學通報》七期一五頁）。

[076] 同前《西陲史地研究》一二頁。

[077] 《新書》四〇及《通典》一七二都訛作「振武」，茲據《元和志》三九及《舊書》三八校正。

九百九十七里，裡面的地名多不可考，較可認識的唯赤嶺（那一段占一百八十七里）和大非川（那一段約占三百里）；赤嶺就是現時青海子東邊的日月山，大非川，依吳氏說應為現在共和縣南的切吉曠原。[078] 再拿《西藏圖考》四入藏的路程來比較，自西寧至黃河渡計一千零七十里，與九百九十七里的數目大致相當，吳氏認唐時黃河渡即今黃河沿渡口，[079] 這說法應當沒錯。以此為定點，再結合清代入藏里程來看，則唐代若干地名，已可約略推得其今地。例如《西藏圖考》四，自西寧出口二百九十里至夥兒，又七十里至柴吉口，柴吉即切吉的異譯，故知莫離驛應在今夥兒附近。夥兒至朔羅口三百里，即西寧至朔羅口五百九十里，故知那錄驛應在今朔羅口附近。朔羅口一百八十里至得倫腦兒（《西藏考》作「得命」，「命」當是「侖」的誤字），四百八十里至黃河渡，得倫腦兒無疑是唐的烈謨海；又據《西藏考》，得倫腦兒東六十里為哈隆烏索，「有熱水」，更可證實其為唐的暖泉。整體而言，清代這一段路程，跟唐時交通無大差異。

　　唐人為了和吐谷渾、吐蕃接觸，經過許多來來往往的人，把黃河上流的真相傳入中國，我們已知道有星宿海，且知道河源委實出自羌中，頭一次開啟黃河重源的迷信，這是唐朝人對於黃河真源進一步的了解。

---

[078]　參拙著《唐史講義》一二節注四。
[079]　同前《西陲史地研究》一二頁。

## 第二節　重源說經過長時期而後打破

　　繼元鼎之後約過四百六十年，至元世祖的「至元十七年（一二八○年），命都實為招討使，佩金虎符，往求河源。都實既受命，是歲至河州……四閱月始抵河源，是冬還報，併圖其城傳位置以聞。其後，翰林學士潘昂霄從都實之弟闊闊出得其說，撰為《河源志》」[080]。蒙古在當時是落後部族，為什麼發生探求河源的動機，《元史》未有拈出；我的揣測是，世祖曾崇奉西番僧為帝師，這回的壯舉，無疑是番僧直接或間接地推動的。[081] 今先略引《河源志》的一節如下：

　　河源在吐蕃朵甘思西鄙，有泉百餘泓，沮洳散渙，方可七八十里，履高山下視，燦若列星，故名火敦腦兒，火敦譯言星宿也。群流奔湊，近五七（？十）里，匯二巨澤，名阿剌腦兒。自西徂東，連屬吞噬，馬行一日程，迤邐東鶩成川，號赤賓河。二三日程，水西南來，合流入赤賓，其流寖大，始名黃河；然水猶清，人可涉。

　　「黃河」是漢族的稱呼，羌語並不是這樣子叫，「始名黃河」一句，大約系當時考察人所參加的意見。[082] 阿剌腦兒，藤田元春以為即今之札陵二湖。同時有一位臨川人朱思本，他從八里吉思的家裡取得帝師所藏梵文圖本，翻成華文，比

---

[080]　《元史》六三《地理志》。昂霄寫《河源志》時系延祐乙卯（一三一五年）。

[081]　同上引朱思本說，有「河源在……帝師撒思加地之西南二千餘里」的話，也是一種旁證。

[082]　清高宗《河源詩》注：「自此合流東下，屈曲千七百餘里，至貴德堡，挾沙激浪，水色全黃，始名黃河」，比較還近於事實。

諸《河源志》各有詳略，[083] 唯舉出河源怎樣湧出和全河的大致里數，是其特點。

　　河源在中州西南直四川馬湖蠻部之正西三千餘里，雲南麗江宣撫司之西北一千五百餘里，帝師撒斯加地之西南二千餘里，水從地湧出如井，其井百餘，東北流百餘里，匯為大澤曰火敦腦兒。大概河源東北流，所歷皆西番地，至蘭州凡四千五百餘里，始入中國。又東北流過達達地，凡二千五百餘里，始入河東境內。又南流至河中，凡一千八百餘里，通計九千里。[084] 里數計算和近代的紀錄所差無幾，湧井百餘，又恰合約古宗列渠的情狀，對河源已達到真的認識。《河源志》又說：「史稱河有兩源，一出于闐，一出蔥嶺；于闐水北行合蔥嶺河，注蒲類海，伏流至臨洮出焉；今洮水自南來，非蒲類明矣。詢之土人，言于闐、蔥嶺水俱下流，散之沙磧，」（兩個「蒲類」都是「蒲昌」的錯誤）也多少解除河有重源的固蔽，但又引伏流出於臨洮，所辨實有不太透澈之處。

　　舊的障礙正在逐漸消除，新的障礙卻又突然興起，唐人把崑崙移至真河源方面，把積石往下推，元人雖省了一個積石，卻又把崑崙往下推去，元、明人書說抱持這種見解的實在不少，如《河源志》說：

　　朵甘思東北鄙有大雪山名亦耳麻不莫剌，其山最高，

---

[083]　《元史》六三《地理志》。
[084]　《元史》六三《地理志》。

譯言騰乞里塔，[085] 即崑崙也；山腹至頂皆雪，冬夏不消，土人言遠年成冰時六月見之。自八九股水至崑崙，行二十日，河行崑崙南半日，又四五日至地名闊即及闊提，二地相屬。……又四五日至積石州，即〈禹貢〉積石，五日至河州安鄉關。

朱思本說：

……又折而東流，過崑崙山下，番名亦耳麻不剌，其山高峻非常，山麓綿亙五百餘里，河隨山足東流，過撒思加闊即闊提地。

梁寅（元明間人）《河源記》說：

世多言河出崑崙者，蓋自積石而上望之，若源於是矣。而不知星宿之源在崑崙之西北，東流過山之南，然後折而抵山之東北，其繞山之三面如玦焉，實非源於是山也。

《明一統志》說：

崑崙山在朵甘衛東北，番名伊拉瑪博羅山，[086] 極高峻，雪至夏不消，綿亙五百餘里，黃河經其南。

又洪武十五年（一三八二年）僧宗泐《望河源詩》自記：

河源出自抹必力赤巴山，番人呼黃河為抹處，[087] 犛牛

---

[085]　按騰乞里塔即突厥語 Tangri tap 猶言「天山」。

[086]　即亦耳麻不莫剌之異譯。

[087]　即「瑪楚」的異譯，黃懋材《西徼水道》：「吐蕃呼水為楚，或譯作楮。」

河為必力處，赤巴者分界也。其山西南所出之水則流入犛牛河，東北之水是為河源；其源東抵崑崙可七八百里，今所涉處尚三百餘里，下與崑崙之水合流，中國相傳以為源自崑崙，非也。

《河源紀略》二三、二四對於上引各說，加以一系列的駁論，並稱：「巴彥哈拉之東北七百餘里，有山曰阿木柰瑪勒占木遜，此即〈禹貢〉所謂導河積石山，非古所謂崑崙山也。……然則阿木柰瑪勒占木遜即亦耳麻不莫剌，或蒙古語古今異耳。」按《紀略》所提示那個山，《水道提綱》五稱為「阿木麻纏母孫大雪山」，謂即古積石山，而《元史》誤指作崑崙（它又說：「番語以祖為阿木你，以險惡為麻禪，以冰為母孫，猶言大冰山也。」），歐人譯作 Amnemachin，《申報地圖》音寫為阿尼瑪卿，元人認是崑崙，《提綱》認是積石，都屬於創說。元人為什麼把它當作崑崙，也自有其現實的動機。崑崙是一座偉大的山嶺，古來傳說已深深印入人們的腦中，事實上也確實沒錯。現在，都實在河源附近眼見到的山勢並非這樣瑰奇，獨阿尼瑪卿周年積雪，擋住黃河去路，由於相形見絀的心理作用，遂使他相信古人觀察錯誤，斷然地把崑崙向下游推去。河非源自崑崙，就字面說是對的，但最初的崑崙不指阿尼瑪卿，梁寅、宗泐所駁還是落空。乾隆朝的君臣呢，他們一面株守著重源出崑崙的舊說，一面又覺得「小積石」氣勢平常，值不得古人特記，於是恢復唐人的說法，把

崑崙依舊推回河源，而把很為特出未便閒置的阿尼馬卿派充舊說的積石。因之，他們的結論「從河源之所出以定崑崙而崑崙得矣，不從河源之所出以定崑崙而崑崙失矣」（《紀略》二四），在事實上乃恰恰相反；所因河出崑崙只古人的理想，專從真河源以定崑崙，不獨迷失崑崙本來的位置，且反會因此而錯定真河源的起點，即是說，錯定假河源為真河源，如《紀略》所犯的錯誤。

　　來到清初，青海已收入版圖，康熙四十三年（一七〇四年），命侍衛拉錫、舒蘭等往查河源，四月初三日請訓，康熙帝諭以黃河之源，雖名古兒班索而嘛，其實發源處從無人到，若至其地，可進則進，不可則止。他們六月初九日至星宿海，十一日自星宿海回程。[088] 拉錫回來時繪有河源圖。[089]《東華續錄》康熙七四摘錄他們的回奏如下：

　　於四月初四日自京起程，五月十三日至青海，十四日至呼呼布拉克。……六月初七日至星宿海之東，有澤名鄂陵，周圍一百餘里。初八日至鄂陵西，又有澤名札陵，周圍三百餘里。鄂陵之西，札陵之東，相隔三十里。初九日至星宿海之源，小泉兆，不可勝數；周圍群山，蒙古名為庫爾滾，即崑崙也。南有山名古爾班吐爾哈，西南有山名布胡珠爾黑，西有山名巴爾布哈，北有山名阿克塔因七奇，東北有山名烏

---

[088]　《小方壺齋輿地叢鈔》四《軼舒蘭河源記》。
[089]　同上吳省蘭《河源圖說》。

蘭杜石。古爾班吐爾哈山下諸泉，西番國名為噶爾馬塘，巴爾布哈山下諸泉名為噶爾馬春穆朗，阿克塔因七奇山下諸泉名為噶爾馬沁尼；三山之泉流出三支河，即古爾班索羅謨也。三河東流入札陵澤，自札陵澤一支流入鄂陵澤，自鄂陵流出，乃黃河也。

　　同時，舒蘭也寫了一篇《河源記》，[090] 除譯音有時略異之外（如庫爾棍、古兒班吐而哈、阿克塔因淒奇、古兒班索而嘛等），內容大致相同，唯鄂陵作「周圍二百餘里」，《東華續錄》的「一百」應是鉛印本的錯誤。其中以庫爾滾為崑崙，顯然是穿鑿附會。若布胡珠爾黑山即《水道提綱》的布呼吉魯肯，巴爾布哈山，《提綱》同，阿克塔因七奇山即《提綱》的阿喀塔齊欽，烏蘭杜石山即《提綱》的烏藍得齊，噶爾馬塘即星宿灘藏名 Karnatang 的音譯，古爾班索羅謨即蒙名 Gurban Soloma 的音譯，是河源附近的情況，他們已知道大概。他們也知道札陵以西有三支河，不過似乎沒有溯流上去。歸結來說，他們並不認為星宿海為黃河的源頭，只因報告弄得不清楚，所以當日的諭旨就錯認鄂敦他臘為黃河的發軔。後到康熙末年，屢遣使臣去調查河源，[091] 故當日印行的《皇輿全覽

---

[090]　《淮系年表》一一「康熙四十七年」下稱，「再遣使窮河源」，沒有注出它的本據，或引《續行水金鑑》卷一作證，但考《續金鑑》只說屢遣使，並未敘明年分。唯《嘉慶一統志》五四七曾說：「本朝康熙五六十年（一七一七年），遣喇嘛楚兒沁藏布、蘭木占巴、理藩院主事勝住等繪畫西海、西藏輿圖。……使臣測量地形，驗河源，涉萬里。」

[091]　同上。

圖》，在星宿海以西的一條河上已標出「黃河源」的字樣。[092]
乾隆元年（一七三六年）齊召南參加《乾隆一統志》的編纂工
作，二十六年（一七六一年）寫成《水道提綱》一書，據他自
序，顯然是吸收了康熙實測的結果。[093]《提綱》五記載河源
情況，大致如下：

> 黃河源出星宿海西巴顏喀喇山之東麓，二泉流數里，合
> 而東南，名阿爾坦河。……（當河源南岸……又有拉母拖羅
> 海山，稍崇峻，北岸有噶達蘇七老峰，高四丈，亭亭獨立，
> 石紫赤色，俗傳為落星石）又東，有拉母拖羅海山水自南，
> 有西拉薩山水自北，俱來會。又東有七根池水自北來會。又
> 東流數十里，折東北流百里至鄂敦他拉，即古星宿海，《元
> 史》所謂火敦腦兒也。自河源至此，已三百里。（巴顏喀喇
> 山即崑崙山，其脈西自金沙江源犁石山婉蜒東來，結為此
> 山。……源處西二十度，極三十五度也。山石黑色，蒙古謂
> 富貴為巴顏，黑為喀喇，即唐劉元鼎所謂紫山者；又名枯爾
> 坤，即崑崙轉音也。阿爾坦河，雖元人尋源，但知起星宿
> 海，未知其西尚有本源，蒙古謂金為阿爾坦，言水色微黃而
> 溜甚急，真河源也）

以巴顏喀喇為崑崙，無非承襲唐人的誤解。之外，傅樂

---

[092]　一九四五年《科學通報》十月號傅樂煥關於黃河河源的問題。

[093]　參同上傅氏文。但傅以為《提綱》成於乾隆三二～三三年，即一七六七～
　　　　一七六八年間則不合，據齊氏自序，實成於乾隆辛巳。

煥認為它所謂河源即一九五二年探出的約古宗列渠，[094] 考訂是不錯的，我們只看它說河源至星宿海已三百里，比朱思本所記里數還遠，大致上確已符合。拉母拖羅海山即德人臺飛圖的 Lamatolghoi-ïn-ūla。《提綱》又繼續描寫星宿海周圍的情況，它說：

星宿海於群山圍繞中，平地有泉千百泓並湧，望若列星，阿爾坦河自西南來皆匯。（自巴顏喀喇山，東北連互為布呼吉魯肯山、阿喀塔齊欽山、烏蘭得齊山、馬尼圖山、巴爾布哈山，東南盤折為都爾伯津山、哈喇答爾罕山、巴彥和碩山，眾山環繞，中間地可三百餘里，泉源大小無數，蒙古謂星為鄂敦，水灘為他拉也。阿克塔齊欽及巴爾布哈山高大異常，一則兩峰如馬耳，正當其北，一則兩崖壁立，當其東北，蒙古稱為枯爾坤，與源西之巴顏喀喇同名，以三山皆崑崙也。……）阿爾坦河東北會諸泉水，北有巴爾布哈山西南流出之一水，南有哈喇答爾罕山北流出之水，東會為一道（土人名此三河曰古爾班索爾馬），東南流注於查靈海。

其中哈喇答爾罕（還原應為 Xara-tarkan）山流出之水，無疑是一九五二年找到的喀喇渠了。

再到乾隆四十七年（一七八二年），派阿桂的兒子阿彌達「恭祭河源」，據奏二月二十一日自北京起程，三月初六抵西寧，初十出口，四月初三至鄂敦他拉東界，初六日望祭瑪慶

[094]　同上八八頁。我另專文討論，見附錄二。

（machin，危險之意）山。以下說：

> 檢視鄂敦他拉共有三溪流出；自北面及中間流出者水系
> 綠色。從西南流出者水系黃色，即沿溪行走四十餘里，水遂
> 伏流入地，隨其痕跡，又行二十餘里，復見黃流湧出，又行
> 三十里，至噶達素齊老地方，乃通藏之大路。西面一山，山
> 間有泉流出，其色黃，詢之蒙、番等，其水名阿勒坦郭勒，
> 此即河源也。當已虔誠恭祭後，遂於十一日由星宿海起程回
> 京覆命等因。

以上一段見《湟中雜記》[095]，似乎來自於西寧官署的檔
案，後附同年七月二十二日（《河源紀略》卷首作「七月十四
日」）的上諭，與阿彌達原奏流露出多少異同，應在附錄二另
行討論。這裡首先要談的是，阿彌達的奏覆是《恭祭河源》，
上諭開首也說：「今年春間因豫省青龍崗漫口合龍未就，遣
大學士阿桂之子乾清門侍衛阿彌達前往青海，務窮河源，告
祭河神，事竣覆命，並據按定南針繪圖具說呈覽。」[096] 阿彌
達奉使的主要任務是因決口未塞而禱告河神，祭河必須在它

---

[095]　傅氏說：「民族學院另藏抄本一種，末有《那彥成記》一行，可能是原書曾經
　　　　那彥成讀過，並不一定是那彥成所作。」（同上八五頁注二）我曾檢閱玉簡齋
　　　　本，記有年號的最遲為青海各旗戶口條之「嘉慶十五年」，其歷任西寧辦事
　　　　大臣銜名條，最末兩人為「三等侍衛那彥成，副都統文孚」。據《國朝先正事
　　　　略》二三，那於嘉慶十二年授三等侍衛，仍充伊犁領隊大臣，五月調西寧辦
　　　　事大臣，十三年擢江南副總河，那麼，這一書似是那彥成的後任或即文孚抄
　　　　錄官署裡成案，豫備參考之用，算不上什麼著作。唯那彥成是阿桂的孫，也
　　　　不無關係。

[096]　《河源紀略》卷首。

的源頭，「務窮河源祭告河神」應該一起讀下。換句話說，察視河源只是附帶任務，並不是原來的目標，唯其如此，我們便明白阿彌達為什麼在星宿海以西僅待數日，便即回去。如果不然的話，他總不能這樣匆忙的，黃盛璋沒有找出此回遣使的動機，所以不太了解事情的曲折。[097] 董在華根據實地查勘所見，曾作出比較說：「阿彌達探河源的路線……所見鄂敦他拉上的三溪，中、北兩溪清綠，南溪色黃，並且伏流入地的情形，與我們查勘所見的是很相同的。他們既然是隨痕跡上行，那就是沿喀喇渠上去的，復見黃水湧出，也是我們在查勘喀喇渠所見到的。入藏大路在喀喇渠的左岸也是很顯明的。」[098] 以為阿彌達的「阿爾坦河」就是喀喇渠。康乾兩朝所探，從前被人們認為其實是一樣的，從此被揭發出來，一九五二年的查勘隊是有其相當收穫的。至於乾隆上諭所說，「元世祖時遣使窮河源，亦但言至青海之星宿海，見有泉百餘泓，便指謂河源，而不言其上有阿勒坦噶達素之黃水，又上有蒲昌之伏流，則仍得半而止」[099]，未免抹煞元人的發現而誇大自己的收穫。元人不追溯蒲昌海，倒是現實的觀察；當日的上諭仍然堅持著「鹽澤之水，入地伏流，至青海始出，而大河之水獨黃，非崑崙之水伏地至此，出而挾星宿

---

[097] 一九五五年《地理學報》二一卷三期〈論黃河河源問題〉。
[098] 〈黃河河源初步研究〉，見一九五三年七月號《科學通報》。
[099] 《河源紀略》卷首。

海諸水為河瀆而何？濟水三伏三見，此亦一證」[100]，卻反被古人所愚弄。

現代地理學家丁謙對黃河重源，曾提出如下的討論：

（羅布）泊水潛行，復出積石，古說相傳已久；唯西人不之信，謂用實測法測得羅布泊高於海平線二千六百尺，鄂凌泊[101] 高一萬四千尺，至潛源重出之噶達素齊老，[102] 更高至一萬四千七百尺，水即能潛流千五百里之遙，豈能上湧千數百丈之高？此亦古人一大問題矣。[103]

總之，重源的說法，拿西方各河古代的傳說和近代地文學實際的測量比合起來，便知其事出無稽，只略看前引杜、潘、丁數家的話，已夠明白，更無詳細辯論之必要。可是有名的學者如陶葆廉，終不能衝過這道藩籬；近人閻文儒還說：「有永寧鄉人雷仁者告予曰：彼曾去青海金廠掏金，過馬連河，即見黃河河水於戈壁中忽滲入地下，順其方向，行一日

---

[100] 《河源紀略》卷首。

[101] 據《紀略》一二，河自星宿海「東南流一百三十里為札陵淖爾……東南流，折而南五十里為鄂陵淖爾」。

[102] 古文重聲不重形，王念孫父子及俞樾已鄭重地提出這項原則，昭示吾人，積石的名稱經過幾次轉移，可見不能僅就字面求解釋。丁謙說：「山稱積石，玩一積字，已有人力所成之意，而《提綱》記噶達蘇齊老僅高四丈，正與人力所成情形相合。況《山海經》兩言禹所積石，是成於人力，尤覺顯然。」（《穆天子傳考證》一）我們試從事實觀察，噶達蘇齊老之發見，晚在康熙末年，上古人何曾記出？禹不過神話中的人物，更從何處找出他所積的石？《水道提綱》明言石高四丈，哪能是人力所成？清代考據家往往有膠泥字面的弊病，丁謙所說，恰是這類考據的典型例子。

[103] 《漢書西域傳地理考證》。

程，又見黃河由戈壁中流出，其水淙淙，聲如牛吼，然後汪洋直下。不知與李同知所勘查者（黨河）是否為一？唯河水出崑崙，重源潛發……昔頗疑之，今履其地，方識戈壁中確有此種漏隙處，先賢所云不誣也。」[104] 我們對於這個問題，須分作兩件事來看。沙漠經滲透而水復湧現，是有的（參前第一節；又塔里木下流有潛水湖（Groundwater lake）三十五，見一九三一年《地學雜誌》二期三〇二頁），但認青海的黃河自羅布泊潛行而來，是錯誤的。

　　總括來說，自漢至清，黃河尤其河源的地理狀況，根於實踐的經過，可算是一級一級地漸趨明朗化；死讀書本（或傳說）對現實的矛盾，卻沒能應用唯物辯證方法，予以充分證明，故尋究雖歷二千餘年，然時而前進，時而後退，始終得不到完滿的解答。因而崑崙和積石兩地點，也跟著移來移去，沒有固定的位置，現在把它們的地理層化，列成簡表，我們透過細心觀察後，總可明白這問題的癥結了。

崑崙、積石的地理層化簡表

| 名稱 | 崑崙 | 積石 |
|---|---|---|
| 古說 | 于闐 | 崑崙西 |
| 穆天子傳 | 同上 | 居延海 |
| 漢至隋 | 同上 | 羌中 |

---

[104] 《文物參考數據》二卷五期一一二頁。

| 唐 | 同上 | 大積石（羌中）<br>小積石（河州） |
|---|---|---|
| 杜佑、劉元鼎 | 吐蕃，即「大積石」 | 河州，即「小積石」 |
| 元、明 | 阿尼馬卿山 | 同上 |
| 清 | 于闐 | 阿尼馬卿山 |

　　說明：在每一個時代，學者間的意見總未必全體一致，表內所顯示的，只就較為流行的而言。

　　清末以來，資本主義帝國覬覦中國西邊的土地和寶藏，紛紛遣隊借探險為名（像近年廓爾喀的登山隊），深入勘測，河源因亦成為他們目標之一。其已經發表的消息，茲就所知，摘錄後方，供研究河源的參考之用。

　　一八七九～一八八二年（光緒五～八年），英國印度政府派遣測量隊潘底特（Pundit A.K.）橫斷西藏，出金沙江上流，越崑崙山脈，入柴達木盆地，更越阿爾田塔克（Altin-taq）以至肅州。歸途則橫斷南山山脈，達黃河上游之瑪楚河，通過札陵湖西岸，越山以至江源。探測結果，見一八八五年英國《地理雜誌》（*Geographical Journal*）所刊西藏圖中。

　　一八八四年（光緒十年）五月，帝俄的蒲瑞哇爾斯基（Prejevalsky）第四次中亞探險，達到河源，同年八月，歸柴達木，其大略亦曾揭載於一八八五年《地理雜誌》；他於柴達木南邊的布林汗布達山脈越過一萬五千七百尺之隘口，南

進七十里，便達星宿海；海為一片盆地，東西四十里，南北十三里又三分之一，海拔一萬三千六百尺。黃河在此，分作極小的二三支流，闊約七十至九十尺，水深二尺，支流匯合，從盆地西南流出，形成十二里程之沼澤地，是為札陵（Jarin-nor）、鄂陵（Orin-nor）二湖，海拔一萬三千五百尺。

　　一九○六年（光緒三十二年）六月十三日，帝俄的科茲洛夫（Kozloff）行至鄂陵湖出口處，測得札陵湖海拔一萬三千九百尺，鄂陵湖一萬三千八百九十尺，兩湖相隔十俄里（每俄里等於三千五百尺），鄂陵湖周一百二十俄里，札陵湖周一百俄里。湖水之周圍尚有八小湖，水含鹽分，兩湖則否。札陵湖中有島，島與西岸之間水特別淺，犛牛可渡；鄂陵湖較深，出口處錘測得一百○五尺。兩湖相連的川長十五俄里，闊一○五～一三五尺，分布呈網狀，水帶黃色。札陵湖北岸展開為平坦的廣谷，可遠望悶古渣沙陀烏拉（Munku-tsasato-ula）和可敦哈剌（Xatuin-xara）山脈，有札渾鄂勒（Jaquin-gol）河自東南來，流入黃河，溯此河而上，可到長江上源。[105]

　　一九○七年（光緒三十三年）八月，德國地理學家臺飛（Albert Tafel）探尋河源，拍攝了阿勒坦噶達素巨石照片，測定其地為北緯三十五度六點五分，東經九十六度四分。源頭處「地當廣數公里向斜谷中……谷中又有無數無出口水潭散

---

[105]　以上均據一九三一年《地學雜誌》二期二九四～二九五頁。

布，其中最大之湖狀盆地，流出一極狹小溪，寬只一步，唯深及一公尺」。星宿海上游為阿勒坦郭勒（Altan Gol）。星宿海，藏名噶爾馬塘（Karma Tang），意思是「星的平原」。海又東約四十公里，有楚爾莫札陵水（Jsulmo Jsaringbhu）由西南流入，會口以下二三公里即是星宿海鄂博（Obo-Odontala，海拔四，三一○公尺），同時，北岸亦有大水來會。由此至札陵湖二十餘公里間，殆無支流。[106] 按臺飛所見「無數無出口水潭」斷即朱思本的「水從地湧出如井，其井百餘」，當日由梵文譯出，容有辭不達意之弊。

一九二六年，美籍奧地利地理學家約瑟夫·洛克（J. F. Rock）探險阿尼馬卿山和青海南河源。[107]

一九三三年，德國出版的《*Patermanns Mitteilungen*》載，札陵的藏名為 Jso-tsarag，鄂陵為 Jsochoora。

之外，到過河源的還有德國探險家威廉·菲爾希納（Wilhelm Filchner）、俄人卡斯納柯夫（Kasnakov），唯未詳何年。據菲爾希納說，蒙語稱札陵為瑟克淖爾（Ceke Nor），意為透明的沙岸，鄂陵為瑟格淖爾（Cege Nor），意為透明的水。[108]

本節的結論如下：

河源復出的地方，人依著〈禹貢〉的敘述以為是積石。然

---

[106]　以上據一九四八年十二月《地理學報》十五卷二三四期合刊徐近之文引。

[107]　《地學季刊》一卷二期。

[108]　同前引徐近之文。

而「積石」所在，卻跟著環境和認知而層化；《山海經‧西山經》的積石，應在今中亞，《穆天子傳》的在居延海附近，《漢書‧地理志》說在西南羌中，唐人為整合新舊兩說，又有大積石、小積石之區別。

人們過度重視書本，為要求現實與書本相配合，崑崙也跟積石一樣，經過層化。上古所稱河源的崑崙本在新疆，自明瞭真河源在吐蕃以後，唐人如杜、劉等遂把崑崙的名稱轉移到吐蕃去，元、明人更把它向東推移。清人知道崑崙應在新疆，因而深信河出崑崙的古說，再度恢復其原來位置。

河水究從哪方面進入中國，漢或漢以前已有明確認知。事隔七八百年，李靖等征吐谷渾，數在萬千以上的人曾到過星宿海及河源，賈耽著《吐蕃黃河錄》，是為河有專書之始，以後，杜佑駁河非重源，劉元鼎再把旅途聞見寫出，關於黃河真相，唐人實已得其具體。元朝潘昂霄著《河源志》，朱思本翻梵文圖本，記出星宿海西南百餘里湧井百餘，河源所始，已算明白。清朝兩次派員探查，尤其末後乾隆一次，考其成績，不過作細節上的補充，發現河源的功勞，仍當歸之唐、元兩代。

河源問題，整體而言，自漢以來是逐漸進步的；但從理論來看，則是倏進倏退，徘徊歧路的，其唯一的障礙，是因為過於保守，未能突破上古傳下的假設。

第二節　重源說經過長時期而後打破

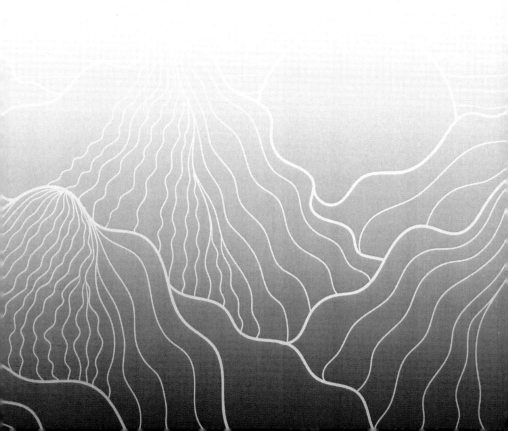

# 第三節
# 〈禹貢〉是什麼時代寫成的？

第三節 〈禹貢〉是什麼時代寫成的？

《周髀算經》：「故禹之所以治天下者，此數之所由生也。」漢趙君卿注：「禹治洪水，決疏江河……使東至於海而無浸溺，乃勾股之所由生也。」近人撰文，乃有勾股始於大禹的說法，有人曾對我在《歷史教學》所發表的文字，提出這一點，徵詢我的意見。《論語》說得好：「紂之不善，不如是之甚也……天下之惡皆歸焉。」反面就是「禹之善而天下之善皆歸焉」了，這倒沒有什麼難解的地方。

既說到禹，也要說一下鯀。鯀相傳是禹的父親，《尚書·堯典》稱：「帝曰：『諮』，四嶽，湯湯洪水方割，蕩蕩懷山襄陵，浩浩滔天，下民其諮，有能俾乂。」僉曰：「於！鯀哉。」帝曰：「籲！咈哉！方命圮族！」嶽曰：「異哉！試可乃已。」帝曰：「往，欽哉！九載績用弗成。」又《洪範》稱：「我聞在昔，鯀陻洪水。」洪水是東半球上一件很普遍的傳說，我們現在犯不著去追究它的緣起。禹既是神帝，鯀也未必無其人，這亦不在話下。所值得討論的，只是陻洪水一節。陻，《孔傳》解作「塞」，《正義》引《左傳·襄公二十五年》陳國伐鄭的「井陻木刊」為證；又《禮記·祭法》說：「鯀障洪水而殛死」，後世儒家遂以為鯀取障塞，故失敗，禹主疏導，故成功，這種錯誤觀念，傳到近年還未被打破。張含英說：「蓋自鯀築堤以障帝都而功弗成，後之人鮮有敢言築堤以障水者。」又說「鯀以堤而失敗，後則取放任之策」[109]，就是一個例

---

[109] 《治河論叢》四二～四三頁。

子。今且退一步依據舊說（當然是不對），堯是西元前二千餘年的人物，都城在平陽，即今山西臨汾縣，試問那個時候，黃河怎能淹浸到汾水流域？上古人口稀疏，人類有長期的經驗，懂得最高的水位，他們總會依靠著丘陵來居住，即使萬不得已，要移到較低的平原，他們也會趁著漲潮快要來到之前，搬去別的地方，農作物也會以氾濫前可以收穫的來種植，不至受很大的損失（抗戰時期，我見四川沿江的住民還是如此）。到人煙漸漸稠密，情況可不同了。春秋、戰國時代受著地域的約束，孟津以下的平原，已興建許多城市，人類為了他們的生命、財產，就不能不想盡方法，對抗無情的洪水，堤防那一類工具，便應運而興。試看西漢時屢次記錄各地的金堤，都可信是春秋、戰國傳下來的防水設備，潘季馴引戰國人作品〈禹貢〉（說見後文）「九澤既陂」，以為禹已用堤，那是相對的事實。我們從社會發展史的原理來觀察，就知道上古時，人類可盡量適用居高、遷地等消極方法來應付洪水，所以無需乎堤，並不是不敢築堤。到了後來，不能用消極的方法的時候，或不方便使用的狀況，就會進一步想出較積極的方法，與洪水作殊死鬥爭。洪水來的越凶狠，人類的智慧、勞動跟著越為啟發；以鬥爭求存在，堤是極其需用的東西，更毫無不敢築堤的觀念。我們再看一下近年山東下游的人民，仍憫不畏死，一個接一個堤內[110]築埝，那就可反

---

[110] 「堤內」那個名詞，清代官文書常用以指近河那一面。

映出古代一般人的心理。怕築堤只是面壁的書呆子，不是農村的群眾。唯是張氏也說過：「只有堤防，仍不足以治河。」[111] 現代的治河，萬萬不能偏執一種方法，我們不要誤信「堤」是失敗，「導」是成功那種傳說及錯解，而奉作決定將來方案的金針，那是讀史連繫實際最要緊的一著。

　　稍為系統地記載中國的山川脈絡，無疑是〈禹貢〉一篇為最古，中國經學家對之，向來都認為一字都不能更改，它的權威可想。然而禹是人格化的神帝，[112] 江河都是天然水道，沒有絲毫人工疏導的痕跡，江尤其如此，[113] 就是要用現代的技術來疏導長江，都是不可能的，石器時代的禹哪能有這樣能力？[114] 既無禹那個人，何能有禹寫的書？反過來說，它所運用的卻是多少現實的材料，如果我們不把〈禹貢〉著作時代作一個正確的決定或比較合理的解釋，那麼關於上古河道的變遷，就無從談起；我們現在的目標，並不是專為〈禹貢〉來作考證。

　　對於〈禹貢〉寫成時代的問題，有人主張春秋，[115] 有人

---

[111]　同前引一〇頁。

[112]　這個問題當另作考證。

[113]　《古史辨》一冊二〇八頁。

[114]　〈禹貢〉一卷四期一八頁。

[115]　白鳥庫吉以為是春秋作品，見《塞外論文譯叢》二輯。

主張戰國，[116]有人主張戰國末年，[117]討論已很為詳盡，無須博引，在這裡，我只想附加一兩點小小的意見。

第一，古代的寶貨，無過於金類，尤其是青銅；〈禹貢〉揚州、荊州皆說「唯金三品」，《孔傳》「金、銀，銅也」，通觀各州所貢，無論大小，都列舉名稱，何以對最貴重的金而反含糊其辭？《孔傳》之說，似乎近於臆測。梁州貢「璆鐵銀鏤」，《孔傳》「鏤，鋼鐵」，是拿鏤比現在之鋼，與鐵相復。我頗懷疑鏤即青銅，璆應做鐐，即後世之鉛。[118] 又青州貢「岱畎絲枲，鉛松怪石」，《孔傳》「岱川之谷，出此五物」，《正義》「鉛，錫也」，我以為「鉛松」「怪石」對舉，皆兩字一名，與「嶧陽孤桐」文義相類，「鉛」是狀況詞而不是金屬名稱。[119]如果我的見解沒錯，寫〈禹貢〉的人已知道有鉛、鐵、銀及青銅四種金屬。

關於此事，我們有不可不拿周金的文字來比較一下。大約春秋中葉以前，對於金屬的稱呼，自有他們的一套，稱

---

[116] 如《支那學》三卷十二期藤田元春說河源（〈禹貢〉為戰國古地學者之作品），《古史辨》（一冊二〇六～二〇七頁）均是。又錢穆《周官著作時代考》說：「〈禹貢〉一篇，五服有蠻夷無戎狄，又有島夷、嵎夷、萊夷、淮夷、和夷，有三苗，而西戎只一見，狄則無。……蓋自春秋晚期以後，東南方的外族漸漸占主要地位，比以前西北的戎狄給人注意得多，所以戰國時代的人多言蠻夷，少言戎狄，恰恰同《詩經》《左傳》相反。」（《燕京學報》十一期二二九一～二二九二頁）

[117] 〈禹貢〉一卷四期一八頁及五期二頁。

[118] 《東方雜誌》四一卷六號四四～四五頁拙著《周鑄青銅器所用金屬之種類及名稱》。

[119] 同上四五頁。

青銅為鐪鉛、鉼鋁、鎛鉛或鎦，銅為鈇鐈或鐈鉴；又見銑的名稱，頗疑指錫而言，[120] 無論如何，總是金屬，但〈禹貢〉都沒有。反之，「銅」是戰國以後最通用的稱呼，〈禹貢〉也沒有。我曾根據別的材料，證明戰國是漢語稱謂大轉變的時代，[121] 現在依照前頭所指出的特狀，〈禹貢〉沒有較古的金屬名稱，也沒有較後的金屬名稱，其寫成時代，就只可假定為春秋、戰國之交或者戰國初期了。

其次，主張戰國末年的是許道齡，他的根據是：鐵之出現，也許始於春秋之世，但它的產地，起初是在荊、揚一帶（引《戰國策》《荀子·議兵》篇等作證），從未有說梁州在戰國中葉以前出產鐵的。梁州之大量產鐵，依《史記·貨殖列傳》，是在戰國末年。[122] 理由似乎頗充足，但我的見解卻有不同。

為什麼呢？《列子·湯問》說：「周穆王大徵西戎，西戎獻錕鋙之劍，火浣之布；其劍長尺有咫，鍊鋼赤刃，如切泥焉。」這種劍這樣鋒利，當是鐵劍，因為來自昆吾（即今于闐），故以昆吾為名，而別加金字偏旁來會意。[123] 又《列子》

---

[120] 同上。

[121] 同上二一號四一頁拙著《何謂生霸死霸》。

[122] 同前〈禹貢〉四期一九〜二〇頁。

[123] 同前《新疆論叢》七七頁。舊鐵器時代在東方約為元前一八〇〇〜前一〇〇〇年。

寫成於戰國，[124] 比之許氏所引各書，時代較早，那麼，中國的鐵，最先是由雍州輸入。

　　從這，我們再進一步來探索，〈禹貢〉稱梁州貢鐵，更有其特殊原因。自唐以來，研究過石鼓遺文的學者們，統計不下百餘家，究竟石鼓是什麼時代的製品，到最近還未得到一個切實的結論。我曾承認「秦之先世」的考證，最為可信，刻石的技術系由伊蘭方面輸入。[125] 廣州解放後一兩個月，我再把前人的討論，加以詳細檢討，覺得鄭樵因秦惠文君始稱王，到始皇改稱皇帝，而庚鼓裡面殘存著「嗣王」字樣，斷為惠文後、始皇前的製品，固然有相當理由；但據我看來，王鼓的「公謂天子」一句（天或作大），也應給以注意。《史記》五《秦本紀》，孝公「十九年，天子致伯。二十年，諸侯畢賀，使公子少官率師會諸侯逢澤，朝天子」，又《後漢書》一一七，「孝公使太子駟率戎狄九十二國，朝周顯王」，孝公正是惠文王的父親，又由現在傳世的兩周銅器來看，「王」字的稱號不會太嚴格，所以我相信石鼓是秦孝公末年（相當於周顯王二十六年，即元前三四三年）的製品。

　　我們再要問，石鼓是用什麼工具來雕刻的呢？關於石鼓時代的考定，我們不能像往日單搞文字，搞歷史，還要根據

---

[124]　《東方雜誌》四四卷一號五二頁拙著。最近聽說楊伯峻還極力主張《列子》是偽書，應另行討論。

[125]　重慶《真理雜誌》一卷一期二二頁拙著〈秦代已流行佛教之討論〉。

社會發展史及生產工具加以批判，這一點從來沒得到考古家的注意。據現在所見，石鼓的雕琢及刊字，如非應用鐵製的工具，斷不能那麼精細。中國古書裡面，如某人創作或發見某種事物，多有記載下來（即所謂事物紀原），唯鐵的起源不明，春秋時期才應用鐵兵，[126] 比諸亞洲某些國家，為時較晚，那麼，石鼓的雕刻也一樣不會過早。其次，突厥語呼鐵為 tämur，timur（法國學者 Blochet 曾指出其與希臘語 to-muris 相像），第一音組的 tä，跟漢語呼「鐵」的發聲相同。根據這兩種情形來推測，我們不免要懷疑鐵的應用，也和青銅一樣，都是從西北向東南擴展。

〈禹貢〉的作家是關東人（參下文第六節），對於雍、梁二州的境界，有點弄不清，所以誤把最初從西北來的鐵，編到梁州去。我曾說過，讀越古老的中國史，越要周知世界上各個古老民族的文化發展史，[127] 突厥族的祖先相傳是鐵工，[128] 向來以產鐵著名，[129] 這是我們應該注意的。許氏立論不完，就在偏重國內的情況而忽視了外圍的環境。

即使讓一步說，依許氏所引《史記‧貨殖列傳》：

---

[126] 《山堂肆考》：「黃帝之先不用鐵，至帝始炒鐵鑄鍋釜，造干戈軍器之物。」按古史雖說黃帝用干戈，但並未說明是鐵製，後世學者不知上古有銅兵，故生出這種臆說。

[127] 《東方雜誌》四一卷三號四一頁拙著。

[128] 《周書》五〇〈突厥傳〉。

[129] 《西突厥史料》一六八頁。

蜀卓氏之先，趙人也，用鐵冶富，秦破趙，致之臨邛，即鐵山鼓鑄，運籌策傾滇、蜀之民。程鄭，山東遷虜也，亦鐵冶，富埒卓氏，俱居臨邛。

是鑄鐵在周末秦初，已進入興盛時期。但冶金業務之發展，總須經過一個長遠年代，假設上推二百年（約元前四二五年，即春秋、戰國之交），那麼，卓、程兩家住在趙及山東時候，早就懂得鑄鐵。所以拿梁州貢鐵來認定〈禹貢〉作於戰國末年，也未見得真確。

〈禹貢〉著作之目的，許道齡以為「是在鼓吹統一和減免租稅」[130]，論雖嶄新，但我終覺得內藤虎次郎「〈禹貢〉實戰國末年利用極發達之地理知識而行編纂」[131] 的說法，較為平易近理（但非戰國末年）。印度人記世界四洲，不見得定是謀世界統一，同樣，戰國人記中國九州，不見得定是謀中國統一；作者的意旨，無非搬演當日大九州、小九州的地理知識而已。

本節的解釋，志在闡明〈禹貢〉所敘河道，並不是商代以前的河道，而是春秋、戰國之交的河道。往日經生家把〈禹貢〉看作神聖不可侵犯的憲章，復禹故道為治河唯一無二的方法，賀長齡曾批評胡渭的《禹貢錐指》說：「主河北流，書

[130]　同前〈禹貢〉四期二〇頁。
[131]　同前〈禹貢〉五期二頁轉引。顧頡剛說，「我以為〈禹貢〉作於戰國，不過是戰國時人把當時的地域作一整理而託之於禹」（同前《古史辨》二一〇頁），好像是根據內藤的話。

生考古之恆習，姑存以備源流變遷之局。」[132] 他的批評是不錯的。現在，我們知道上古並無禹王其人，〈禹貢〉只是多少現實的地理教科，絕非經過一番疏導的成績，自今以後，總可破除無為之迷信，免去論爭之障礙了。我們故不能成見地主張黃河南流，我們更不應隨便地主張必須遵照〈禹貢〉使黃河北流；簡括說一句，治黃問題，首須拋棄其「復禹故道」的包袱，才可以自由討論，發現真理。

解釋既明，關於〈禹貢〉的河道，自應按時代先後，移向下文再談。現在，且試看商代史料，有什麼屬於黃河的資訊。

依以上之辯證，我們得到如下之結論：

〈禹貢〉一篇，往日奉為聖經，大家相信確有治過黃河的禹王，無論經生家或治河人員，多主張「復禹故道」，甚而說鯀以障塞失敗，禹以疏導成功。這種錯覺在實際上真大大妨害了二千餘年來治黃政策之取捨，非把它盡量廓清不可。

〈禹貢〉開篇便說：「禹敷土……奠高山、大川。」依《矛盾論》的指示，純屬幻想的變化，禹為神帝，已無可疑。〈禹貢〉寫成時代，近人多主戰國之說，它沒有用周金所見的金屬名稱，又有「鐵」而無「銅」，大約最早不過戰國初期的作品。換句話說，它是多少現實的「地理課本」，所概描的黃

---

[132] 《經世文編》九六〈河防一〉。

河，只是周定王五年河變後之河道。上古地廣人稀，無需乎堤，不是不敢築堤；到人口日繁，群眾迫得與水作殊死鬥爭，更沒有不敢築堤的觀念，這才是社會發展史的真實經過。總之，揭穿禹或〈禹貢〉傳說的內幕，是暴露上古黃河真相的最要關鍵。

第三節　〈禹貢〉是什麼時代寫成的？

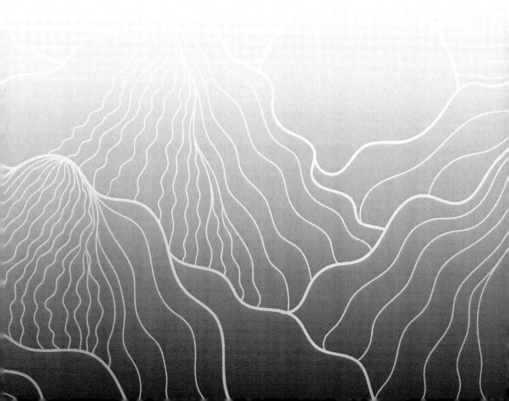

# 第四節
# 商族的「遷都」對黃河有什麼關係？

## 第四節 商族的「遷都」對黃河有什麼關係？

從前我曾發表過，不單止商代以前舊日中國境內並無所謂夏朝，即夏桀、成湯的關係，也大有疑問；[133] 根於這種原因，現在研究黃河的變遷，只好由商代開始。

未進行討論商代河患之前，我們尤應搞清楚甲骨文裡面是否已發現了從氵從可的「河」字。到現在為止，甲文只有從水從乃的汅字（見孫海波《甲骨文編》一一），近年某些考證家抱著商、周言文同一的觀念，大約以為黃河的「河」怎麼重要，於是把「汅」認為「河」；引用者自己沒有去翻看原文，以一傳百，於是甲文已有「河」字的擬議，不知不覺間逐漸就定下了。古文字學家商承祚兄對我說，這字從「乃」不從「可」，還不能認是「河」字，我覺得如此判斷，比較穩當。我們對這問題的討論，首先要清除幾點誤會：（一）商、周言語並不同一，這裡不能展開討論，假如不錯的話，則周代有「河」字，商代未必有「河」字。（二）黃河的存在當然可追溯到商前不知多少萬年，然由於（一）點的假設，商族可能不是叫它作「河」。（三）所謂「商書」的《盤庚》，雖有「河」字，但那是周人的作品（說見下文十項），它只用自家的言語來表達異族的行動。（四）即就周金來論，我們也只見過一個類似「河」字的「洞」字（見下文第七節五項戊），要證明「汅」為「河」，實在有些風險。（五）就讓一步認「汅」是「河」字，但河字直至後世還常常用作通名（參下文「洹」可稱「河」及

---

[133] 參《新疆論叢》創刊號七七頁拙著及郭沫若《奴隸制時代》三頁。

第七節），不定是指黃河。考《禮記・禮器》：「晉人將有事於河，必先有事於惡池。」鄭注：「惡當為呼，聲之誤也。」《釋文》：「池，大河反。」漢語往往兩音簡縮為一聲，如「不可」為「叵」，「之乎」為「諸」等，惡池，中古音 Xuo d'â，漢語的 d- 很容易丟失，故急呼即變為 râ，即「河」（發聲受濁 d-的影響）。換句話說，正呼為「惡池」兩音，俗呼簡為「河」一音，《禮器》文系正俗兼用，周金少見「河」字，也因為它在當時尚是俗呼之故。以上所談，只屬於文字和語言問題，就使「汃」確不是「河」，商代有沒有黃河為患，我們仍然可以展開討論的。

其實，周定王以前或商代的河患（除去傳說的洪水），古典裡面幾乎沒有說到，稍為透露這種意味的只有《尚書孔傳》，它說：「圯於相，遷於耿，河水所毀日圯。」「圯」的真義是否如此，留待下文八項再論。《孔傳》那本書，一般人都認為晉人所作，可信度並不大。

其次，《盤庚》中有過「唯涉河以民遷」一句話，然而「涉河」「遷民」都是常有的行動，不見得定是河患。它又說「殷降大虐」，「虐」的種類也很多，全篇並沒透露水災的意味。還有一層，誰都害怕洪水的無情，即使沒有統治者督率，人們也會各顧生命，跑去別的安全地方來躲避；假說盤庚當日是因為河患而遷，又遷到較能避水的地方，他們總不至於口出怨言，用不著再三告誡，因為水患的屬害一般人都自然地

懂得，並不是深奧難明的理論。

　　據我所見，坐實商族因河患而遷徙的理論始自晚明，以前史家都未嘗立說。明萬曆中，黃克纘撰《古今疏治黃河全書》，首載「上起祖乙之圮耿，下終萬曆三十二年」的話。[134]清胡渭說：「殷人屢遷，大抵為河圮。」[135]同時，靳輔《論賈讓治河奏》，「在大禹神功之所治，僅四百年而商已五遷其國都以避河患」[136]，逐漸地把河患看作商族遷徙的唯一原因。[137]丁山曾說：「《周語》有云……河竭而商亡……《御覽》引《紀年》云，『文丁三年，洹水一日三絕』，洹水三絕，即所

---

[134]　《四庫全書總目》七五。

[135]　見《錐指》鄴東故大河圖。同書四〇中下又拈出十五事以證該河為禹河，今摘錄其有關的二事：「《書序》，河亶甲居相，相城在今安陽、內黃二縣界，而其後為河所圮，證一也。《楚語》，武丁自河徂亳，注云，從河內徙都亳，河內即南殷墟，自河徂亳，蓋亦為河所圮，證二也。」按相城為河所圮，全是《孔傳》的臆測。今《安陽縣誌》一三〈古蹟志〉「禹河故濱」條：「今案安陽縣東南四十餘里，接內黃縣界，中有沙衍綿亙，皆禹導河所經。」這條史料是否有舊本據，殊難詳考，但檢《圖書整合·職方典》卷四〇七並無其文，相信是現代人據《錐指》四〇中下（禹河歷內黃、湯陰、安陽）之文所附會。但宋代河曾決內黃，則沙衍綿亙不定是宋以前的古蹟。《職方典》只說：「黃河故道在湯陰縣東夏莊、小張等處。」再讓一步說，即有「禹河」，也是東周後的遺跡，還未能證商族因河患而徙。武丁事說見下文十項。

[136]　《經世文編》九六。

[137]　李濟在分析小屯地面下的情形時說：「安陽城的附近洹河經過的地方為第四紀黃土區。出甲骨文的殷墟，現代的小屯，離城不過五里，就在洹水的西南岸。……在這時代（南北朝及隋唐）以前及以後，這地方總被洹水沖過好些次數。」（《安陽發掘報告》一期三七～三九頁）又「我們可以不帶躊躇的說，淹滅殷商都城的那一次洪水是極巨大的」（同上四四頁）。前後所指都是洹水。同時董作賓卻據《錐指》，以為「考殷墟淹沒之由來，實錄大河流經其地」（同上一八四頁），可見商都受河患說之愈演愈奇。但理想究戰不過事實，故殷都淹沒說到第四次發掘時便予修正（《中國考古學報》二冊一三頁）。

謂河竭也。」[138] 稱洹水為「河」正是「北方有水便是河」的習慣，也就是說古文中的「河」字非必指黃河之的證。我們為要再深入了解商族的移居究竟是否由於黃河為患，就須得對商都或商都的遷徙先作一回縝密的研究，而在研究的當中，還須隨時惦記著下列三個要點。

## (1) 行國的習俗跟住國不同

最要緊的是隨逐水草而居，無一定住處。由於近年社會分期的研究，有人主張商族仍停留在氏族社會階段，充其量也是商朝末年才進入奴隸制初期，那麼，在古人毫無判別的情況之下，自會渾而言之曰「遷都」，若應用現代科學的觀點，那不過牧地移轉，跟遷都的性質大異。張了且說：「（近年）雖有人稱商代是游牧生活，逐水草而居，屢次遷都自屬必然，然既不否認避河患亦遷移原因之一……」[139] 李斐然說：「自古論者皆曰殷都多遷，實以河患；予謂河患或為遷都之一部原因，而不得謂殷遷都即因河患也。不然，無河患處而仍遷者何哉。」[140] 郭沫若因商族祭祀時用的牲數很多，以為「這和傳說上的盤庚以前殷人八遷，盤庚（以後）五遷的史影頗為一致。這樣屢常遷徙，是牧畜民族的一種特徵」[141]。

[138] 《歷史語言所集刊》五本一分九七頁。
[139] 〈禹貢〉四卷六期五頁〈歷代黃河在豫氾濫紀要〉。
[140] 《新亞細亞》十二卷五期三七頁〈中國民族古代之遷考〉。
[141] 《十批判書》一三頁。

又侯外廬說：「史稱湯以前凡八遷，而陽甲前後五遷，這說明陽甲以前的游牧生活，故不能發生都市。」[142] 都已知道往這方面注意。其實《盤庚》篇的「不常厥邑，於今五邦」，前此無一定住處，已躍然紙上，唯前人不知就裡，用後世的眼光去了解商族的「遷」，因而多所臆測。現在既明白商、周習俗有別，即不應粗率地承襲前人的錯覺。

## (2) 古典上許多復出的地名

就舉商史中最著名而又爭執最多的「亳」為範例。皇甫謐三亳之說（引見下文三項），前人駁它的很多，王國維尤為詳盡，他說：「《立政》說文王事，時周但長西土，不得有湯舊都之民與南、北、西三亳之地，此三亳者自為西夷，與《左傳》之肅慎、燕、亳，《說文》京兆杜陵亭之亳，皆與湯都無與者也。又《春秋》襄十一年同盟於亳（？京）城北，則為鄭地之亳。《史記・五帝本紀集解》引《皇覽》云，帝嚳塚在東郡濮陽頓丘城南亳陰野中，則為衛地之亳。《左傳》公子御說奔亳，則為宋地之亳。[143] 與皇甫謐所舉三亳，以亳名者八九。」[144] 同名「亳」的地點那麼多，相信斷不是任一個「亳」都和商族的「都城」有著直接關係，研究家對此，就應

---

[142]　《中國古代社會史》八七頁。

[143]　王氏下文說：「是宋之亳即漢之薄縣」，則固認這個「亳」即「北亳」，不應復舉。

[144]　《觀堂集林》一二。

有所抉擇和取捨。亳是如此,別的地點遇著有同名的也應該如此。更進一步說,又不止地名相同,甚至和地名連繫著的人名有時也一樣相同,例如《水經注》二三《汳水》:「漢哀帝建平元年,大司空使郤長卿按行水災,因行湯塚,在漢屬扶風。……按《秦寧公本紀》云:二年伐湯,三年與亳戰,亳王奔戎,遂滅湯。然則周桓王時自有亳王號湯,為秦所滅,乃西戎之國葬於徵者也,非殷湯矣。」按《史記》五〈秦本紀〉稱寧公二年,「遣兵伐蕩社,三年與亳戰,亳王奔戎,遂滅蕩社」,《集解》引徐廣,「蕩音湯,社一作杜」,又引皇甫謐,「亳王號湯,西夷之國也」,《水經注》的見解正和皇甫謐一樣。至如《史記索隱》以為「西戎之君,號曰亳王,蓋成湯之胤」,有點近於臆測。然無論怎樣解釋,可見得稱「湯」的人,有時還和稱「亳」的地方相連繫,而稱「亳」的地方又不止一處,我們要追求商族最初的「亳」,就須找其他的旁證,不能單因「亳」的名稱相同,便以為條件符合;前人對於商族的亳究在何處,沒有做出完滿的解答,就因為犯了這個毛病。提到「湯」的名字,可又引起了別的問題,卜辭中的先公名字,有大乙而沒見過「湯」,復別有一個「唐」,其中一條是「唐、大丁、大甲」連文,王國維的考證是:「《說文》口部:『喝,古文唐,從口易。』與湯字形相近。《博古圖》所載《齊侯鎛鍾銘》曰:『虩虩成唐,有嚴在帝所,受天命。』又曰:『奄有九州,處禹之堵。』夫受天命,有九州,非成湯其孰能

當之。《太平御覽》……引《歸藏》曰：『昔者節筮伐湯而枚占熒惑，曰不吉』；《博物誌》六亦云。按唐亦即湯也，卜辭之唐，必湯之本字，後轉作暘，遂通作湯。」[145] 按湯、唐是清濁聲字，由於方音不同，唐變為湯固有其可能；唯是一等史料的卜辭和金銘都作唐不作湯，西邊卻別有「亳王號湯」，我禁不住要問一下，是不是因商王「唐」的名稱和「亳王湯」太過類似，後人混而為一，把「唐」改作「湯」呢？這並非純出臆測，就看司馬遷把商之亳放在關中（引見下文三項），郤長卿按行扶風的湯塚，鄭玄《詩箋》稱商國在太華之陽，那一連串的書說都暴露著糅混的痕跡呀。

## (3) 商族最強時的勢力範圍

前文已找出地名重複的那麼多，我們須要抉擇，但憑什麼方法來抉擇呢？我以為注意商族勢力範圍就是方法之一。殷墟出土遺物非常豐富，無論商族自己製造或從外邊收集得來，[146] 似乎表現出在那時期它是個堂堂大國。然而依初期卜辭研究，商族的活動地域似不出乎豫中、豫東和其相鄰的冀、魯地帶[147]（配合發掘的成績來看，也證明大致不錯），奈近年把它越推越廣，單憑後世有某些地名和甲文相同，沒提出別的證佐，便斷定其地點無異；我們試覆看一下前條所

---

[145] 同上九。

[146] 參拙著《西周社會制度問題》九二頁。

[147] 參看朱芳圃《甲骨學商史篇》一第六頁的附圖。

說「亳」的同名那麼多，越覺得這樣的考證地理不單止十分危險，而是近於鹵莽。求其致誤的原因，就由於還未發現上古史的祕密，心目中總認為商族勢力很大，黃河中下游已給他們完全統一著，所以他們可隨地遷徙；而不知經過近年考古發現，這種觀點已須大大修正。換句話說，我們討論商族的遷徙，同時就應考慮到商族活動的可能範圍。

注意點闡述既畢，斯可以進而討論商族之「遷」。

# 一、自契至於成湯八遷

《尚書序》：「自契至於成湯八遷，湯始居亳，從先王居。」《史記》三〈殷本紀〉同，這是八遷的孤證。《孔傳》：「十四世凡八徙國都；契父帝嚳都亳，湯自商丘遷焉，故曰從先王居。」據《史記》，契以下的世系是這樣：

契 ── 昭明 ── 相土 ── 昌若 ── 曹圉 ──
冥 ── 振 ── 微 ── 報丁 ── 報乙 ── 報丙 ── 主
壬 ── 主癸 ── 天乙（湯）

都說是父死子繼，十四世系連本身計入，因此就引生很大的疑問。《尚書‧正義》說：「孔言湯自商丘遷焉，以相土之居商丘，其文見於《左傳》，因之言自商丘徙耳；此言不必然也。何則？相土，契之孫也。自契至湯凡八遷，若相土

至湯都遂不改，豈契至相土三世而七遷也？相土至湯必更遷
都，但不知湯從何地而遷亳耳，必不從商丘遷也。」三世不會
七遷，固然極好的疑問，但我們又可懷疑到「八遷」並非事實
（《釋文》說：「八遷之書，史唯見四。」）；〈正義〉深信八遷
不誤而斷定「相土至湯必更遷都」，只片面的理由。何況甲骨
文沒見過「契」字，董作賓疑 🐦 是契，也沒有確證。尤其傳
世之數，很為荒唐，商族的契跟周族的後稷相傳同隸於帝堯
部下，而契的十四世孫湯和後稷的十四世孫季歷相去乃最少
四百年，這是多麼不合理的事！此點前人已有駁詰（《詩‧公
劉正義》），今且不論，只把較古的書本上所記自契至湯的遷
事寫在下方（見於偽《竹書紀年》的不採）：

　　契　「鄭玄云，契本封商，國在太華之陽；皇甫謐云，今
上洛商是也」（《書正義》引）。封商亦見「史記中侯」。又《水
經注》一九引《世本》，「契居蕃」。

　　昭明　《世本》「昭明居砥石」（同上〈正義〉引）。《荀子‧
成相》篇：「昭明居砥石，遷於商。」楊倞注：「或曰，即砥柱
也。」那怕因為字面相似和西亳在偃師而作出的推測。丁山疑
砥是泜訛，砥石或在今寧晉西南。[148]

　　相土　《左傳‧襄公九年》「陶唐氏之火正閼伯居商丘……
相土因之」。《世本》「相土徙商丘，本顓頊之墟」（《太平御
覽》一五五引）。《詩‧商頌正義》，「經典之言商者皆單謂之

---

[148] 《歷史語言所集刊》五本一分九八頁。

商，未有稱為商丘者」，主張商與商丘不同。

微 《史記索隱》引皇甫謐云，「微字上甲」；《路史·國名紀》稱，上甲微居鄴。

亳 湯始居亳，見前文。

那些不過零零碎碎的紀錄，連同晚出的南宋《路史》，也只有五六遷，所以八遷的問題直至清代才有人作出具體討論。梁玉繩《史記志疑》二說：

所云八遷者，《本紀》止言湯之一遷，餘皆不載。考《書疏》曰，《世本》，昭明居砥石；《荀子·成相》曰，昭明居砥石，遷於商；《左傳》，相土居商丘，是三遷也（商與商丘不同，見《左傳·襄公九年》疏）。《竹書》，帝芒三十三年，商侯遷於殷（冥之子振也）。帝孔甲九年，殷侯復歸商丘（不知何世），是五遷也。《路史·國名紀》云，上甲居鄴，是六遷也。而《水經注》十九又引《世本》云，契居蕃，是七遷也，並湯為八。

馮景《解春集》說：

契始居商，一也。昭明居砥石，二也。相土居商丘，三也。冥離商丘，奉命治河，四也。子亥遷殷，[149] 五也。孔甲之時，復歸商丘，六也。湯自商丘遷亳，七也。又遷景亳，八也。最後遷偃師，則所謂從先王居也。

---

[149] 《史記志疑》二：「案（振）《索隱》引《世本》作核，人表作垓，《竹書》又作子亥，未知孰是。」

　　王國維又與上兩說不盡同，以契自亳居蕃為一遷，昭明居砥石又遷於商為二遷、三遷，相土東徙泰山下復歸商丘為四遷、五遷，帝芬三十三年商侯遷於殷為六遷，孔甲九年復歸商丘為七遷，湯始居亳，從先王居為八遷。[150] 按這種研究方法有不少可議之處，比方（1）有的書本說契居商，有的說契居蕃，可能是「商」或「蕃」任一錯誤，有可能「商」和「蕃」同地異名，我們如果無緣無故，便串聯為契先居商而後來遷蕃，或契先居蕃而後來遷商，都是極不穩定的斷論。中國古代史家往往把平行的社會發展，結合為直線的歷史繼承，上古史弄得糾纏不清，這是最重要原因之一，司馬遷也要負多許的責任。（2）依傳說，昭明是契的兒子，如果契本來居商，則昭明的「遷於商」可能是「入承大統」，不定是遷都。宋忠說，「相土就契封於商」（《史記集解》），雖隔一代而意義恰是一樣。（3）《禮記》稱「冥勤其官而水死」，只奉命治河，怎能就說他遷離商丘？（4）今本《竹書紀年》出於明人偽撰，王國維本人既有詳考，應該不錄，但他對於帝芬（即帝芒）、孔甲兩條卻稱，「《山海經》郭璞注引真本《紀年》有殷王子亥，殷主甲微，稱殷不稱商，即今本《紀年》此事或

---

[150] 均《觀堂集林》一二。丁山曾駁稱：「其引今本《紀年》，未可依據，所謂商侯遷殷，殷侯復歸商丘，六遷七遷，殊難置信。商丘與商，本為一地，昭明闕伯，疑即一人，相土所居，名異而實不殊。王氏所考，唯契居蕃，昭明遷商，與相土東都，可以補其《孔疏》耳。」（《歷史語言所集刊》五本一分九四頁〈由三代都邑論其民族文化〉）

可信」[151]。我們須知道舊日通行稱商民族為「殷」，到近年甲骨文大量發現，才知他們自己沒有用過那個名號，王氏只為要湊成八遷，遂不惜降格以求，僅據「殷」字相同，便認為可信，態度殊不忠實。總括一句，梁、馮、王三家之說，只能看作八遷數字的拼湊，所以彼此無法取得統一的結論。

　　還有蕃，王國維疑心它是《漢書·地理志》魯國的蕃縣（蕃音皮，今滕縣），即相土的東都，[152] 此點下文再有論及。丁山以為番、蕃古今字，蕃無疑是戰國時的番吾（番又作蒲），漢常山郡的薄吾，今屬平山縣地 [153]。上甲微居鄴一條，不知羅泌根據什麼古典，如果可信，則鄴和殷墟相隔不過三四十里，[154] 就是說，湯以前商族已在今殷墟附近活動著，這是研究商史時應該特別注意的。至於商丘和亳，系商史地理兩個重要問題，必須分條討論。

[151]　同上。
[152]　同上。
[153]　同上引文九九頁。
[154]　參本節注 46。

# ▌二、商丘

## (1)「宋」即「商」之音轉

　　杜預《春秋釋地》說：「宋、商、商丘三地一名。」顧炎武《日知錄》更找出宋、商同名的例證：「平王以下，去微子之世遠矣，而曰孝惠娶於商，曰天之棄商久矣，曰利以伐姜，不利子商，吾是以知宋之得為商也。」（《國語》，吳王夫差闕為深溝，通於商、魯之間。《莊子》，商太宰蕩問仁於莊子。《韓非子》，子圉見孔子於商太宰，商太宰使少庶子之市。《逸周書・王會》篇，堂下之左，商公、夏公立焉。《樂記》，商者五帝之遺聲也，商人識之，故謂之商；鄭氏注曰：商，宋詩也。）為什麼商改作宋呢？王國維說：「余疑宋與商聲相近，初本名商，後人欲以別於有天下之商，故謂之宋耳。然則商之名起於昭明，訖於宋國，蓋與宋地終始矣。」[155] 考《吳語》，韋昭注及《莊子・天運》司馬注都說，「商，宋也」。又《列子・仲尼篇》釋文，「商，宋國也」。商、宋發聲相近，周人略改其音及字以示區別，王說是不錯的，但他只看見片面而沒有看見全面。商朝末期的「商」，在朝歌附近，經過武庚一次反抗，周朝把微子改封於東南區域，地點已不同，自有改「商」為「宋」的必要，方不至名稱混亂。南

---

[155]　《觀堂集林》一二。

朝時代有所謂僑州，事因五胡亂華，許多北方人民跟隨著東晉南遷，所住地方仍依他們的舊日家鄉來命名，比如打冀州南遷的叫做南冀州，打雍州南遷的作東雍州。又如近世英國約克郡（Yorkshire）遷居美洲的人叫他們的住地作「新約克」（即紐約，New York）。這種把舊居的地名移作新居地名的習慣，古今中外，大致相同，商族既被戰勝者周族將他們遷往東南，他們於是把舊日主要的地名都帶到新遷的宋國，所不同的，上古語言簡質，沒有加上「東」「西」……「新」等字樣以資辨識而已。

## （2）商跟商丘同地還是不同地

由前條所說，似商為國號而商丘為地名，〈正義〉認商與商丘不同（引見前）是有其理由的。但我們試看《左傳・襄公九年》，「陶唐氏之火正閼伯居商丘，祀大火而火紀時焉，相士因之，故商主大火」。又昭西元年，「後帝不臧，遷閼伯於商丘，主辰，商人是因，故辰為商星」。又似 —— 最少是《左傳》的作者 —— 對商丘和商沒有什麼區別；這可能因為古人的言文邏輯性不太嚴謹，否則從名號而言謂之商，從地點而言謂之商丘，鄭玄、杜預以為商與商丘同地，也不能說是錯誤。《左傳・昭公九年》，詹桓伯說：「蒲姑、商、奄，吾東土也。」這個「商」當然屬於商族的領地，它之得名遠在殷墟「大邑商」之前。又《左傳・定公九年》，祝鮀論周封衛

康叔事件時，有「取於相土之東都以會王之東蒐」的話。王國
維說：「則相土之時，曾有二都，康叔取其東都以會王之東
蒐，則當在東嶽之下，蓋如泰山之祊為鄭有者，此為東都，
則商邱乃其西都矣。疑昭明遷商後，相土又東徙泰山下，後
復歸商邱，是四遷、五遷也。」泰山下的猜測並沒有憑據，
這且不論；我們試檢討上古，甚至中古民族的習慣，就知道
「都」和「遷」是兩件事，唐代以太原為北都，但並沒有遷都
到太原去。那麼，「東土的商」可能就是相土的東都，因而取
得「商」的名號。

## (3) 宋之商丘是不是帝辛以前的商丘

商族初期的歷史，現在所知，還很模糊，未易作出細緻
的分析，我們可能做到的步驟，只有相土的商丘是不是如
「杜預云，今梁國睢陽」而已。考《水經注》二四〈瓠子河〉
條說：

河水舊東決逕濮陽城東北，故衛也，帝顓頊之墟；昔顓
頊自窮桑徙此，號曰商丘，或謂之帝丘，本陶唐氏火正閼伯
之所居，亦夏伯昆吾之都，殷相土又都之，故《春秋傳》曰，
閼伯居商丘，相土因之，是也。

這就說明古代地名叫「商丘」的不止一處，杜預只寫出他
知道的；梁國睢陽的是「宋國的商丘」（今商丘縣），並不是
商朝未滅以前及舊有的商丘，王國維說商之名與宋終始，實

在是不對，而且他也沒注意到《水經注》那一條史料，這條史料比較可信，下段再為論及。我的想法是，相土的原住地可能是「相」（說見下文七項），商丘只是他的東都。

## (4) 從「丘」的意義來認識商丘

《爾雅‧釋地》：「高平曰陸，大陸曰阜，大阜曰陵，大陵曰阿。」又〈釋丘〉：「絕高為之京，非人為之丘。」「丘」、「陵」都是高地的通名。上古風俗質樸，制度簡陋，還沒有像「縣」、「州」、「府」等人為的區別，只按著地文的性質作稱謂，故丘有帝丘、楚丘，陵有二陵、穆陵。洪水的恐慌，上古時在亞洲很為普遍，人們的住所或城市，自然會選靠近山嶺的高地，後來人口繁殖，才迫得降落平原。李協說：「唯(漢)明帝使人隨高而處，則適合歐人都邑擇地之旨，而可為吾華人居住苟簡之針砭。……《管子》曰，凡立國都，非於大山之下，必於廣川之上，高毋近旱而水用足，下毋近水而溝防省。試觀歐洲建立都會，無不合乎此旨，而吾華人反忽之。」[156] 其實這並不純是華人居住的苟簡，多半是由於生齒日繁。現時歸德商邱地面一望平陽，很難意想為「丘」的所在。唯《禹貢‧兗州》說：「桑土既蠶，是降丘宅土。」《孔傳》：「地高曰丘，大水去，民下丘居平土就桑蠶」，就是描寫上古社會發展的實況，初民擇居的常識。兗州一帶稱作「丘」

---

[156] 《科學》七卷九期九〇一頁。

的為數不少，《禹貢錐指》三〇曾指出：「兗少出而丘頗多；
其見於經傳者日楚丘（今在滑縣東北）、帝丘（今開州……）、
旄丘（在開州西）、鐵丘（在州西南）、瑕丘、清丘（並在州東
南）、廩丘（在今範縣東南）、敦丘（在今觀城縣南。又頓丘在
今浚縣西。……），皆在濮水之濱。」按開州即今濮陽，也就
是說《水經注》所稱「商丘」的地方，比較適合於「商代初期
的商丘」的條件。換句話說，商民族的聚落應該先住高地，
後來才降落到平原。如果認為最初住在歸德的平原，遇著水
患，才轉上高地區，則有點不合於社會發展的順序。總言
之，商代（不是周代）的商丘，就現時所知，應在濮陽而不在
歸德。[157]

## ▌ 三、亳

　　亳的解釋比商丘複雜得多，要把古今各說進行分析，又
須連帶涉及商族老家的問題。

　　說明亳地所在，較早的為《史記·六國表》，它說：「夫
作事者必於東南，收功實者常於西北，故禹興於西羌，湯起

---

[157]　楊向奎說，今河北、山東交界之「濮」，古音讀 b 'wak，亦當為「亳」之音轉
　　　　（一九五四年《文哲史》十一期五三頁《試論先秦時代齊國的經濟制度上》）。
　　　　按名亳的地方頗不少，尤其是商族所到的範圍，商丘既在濮陽，認「濮」是
　　　　「亳」的音轉，也有可能。楊氏又說，「蒲姑實即亳的音轉」，這可有點難題
　　　　了；依詹桓伯的說法，蒲姑是東土，亳是北土，是否為同音之轉，還要再加
　　　　以考慮的。

於亳，周之王也以豐鎬伐殷，秦之帝用雍州興，漢之興自蜀漢。」錢大昕《廿二史考異》二依文推測，謂「史公固以關中之亳為湯之亳」。此後，許慎《說文》稱，「亳，京兆杜陵亭也」（杜陵，今咸寧東南），徐廣說，「京兆杜（陵）縣有亳亭」（據《史記・六國表集解》引，原漏「陵」字），都承用司馬遷的見解。《考異》又根據皇甫謐和《水經注》亳為西戎之國（引見前），辨徐廣釋地之誤。

　　大約因為關中有湯亳的訛傳，遂引起鄭、皇甫兩家商國也在關中（引見前）之誤會。朱右曾《詩地理徵》說：「《補傳》曰，地有商山，因是得名。右曾按《六典》，山南道名山曰商山，亦曰商阪，《戰國策》蘇秦曰，韓西有宜陽，商阪之塞是也，今在陝西商州九十里。」如果這裡的「商」確因山而立名，則與「大邑商」無涉。[158] 李斐然謂相土之商丘即契之商山，[159] 無非為亳在偃師說所影響。

　　時間再後，又有蕃在關中的提出，《水經注》一九〈渭水〉注：「渭水又東逕巒都城北故蕃邑，殷契之所居，《世本》曰，契居蕃，闞駰曰，蕃在鄭西，然則今巒城是矣。」（鄭縣在今華縣北）

　　以上三說，都把商人發祥地放在關中，可是最難令我們相信的，被近人認為商族特殊文化的黑陶，始終沒有在陝西

---

[158]　《觀堂集林》一二也不贊成上洛之說。
[159]　同前引《新亞細亞》三六頁。

大量發現過，所以暫時可撇開不論。

亳地考證，後世流行的計有四說：

（1）《漢書》二八上「河南郡偃師縣」，「屍鄉，殷湯所都」，但並未指明是「亳」[160]。鄭玄說：「亳，今河南偃師縣有湯亭。」皇甫謐始稱「偃師為西亳」。

（2）同上《漢書注》：「臣瓚曰，湯居亳，今濟陰縣是也。今亳有湯塚，己氏有伊尹塚，皆相近也。師古曰：瓚說非也；又如皇甫謐說云湯都在谷熟，事並不經，劉向云殷湯無葬處，安得湯塚乎？」按晉無濟陰縣，只有濟陰郡（今本《晉書》一四隻有濟陽郡，洪亮吉《東晉疆城志》一以為「此濟陽實濟陰之訛」）。《尚書‧盤庚正義》曾稱，「其亳，鄭玄以為偃師，皇甫謐以為梁國谷熟縣，或云濟陰亳縣」。所謂「或云」顯指臣瓚注而言，然則今本《漢書注》，實誤落一字，應作「今濟陰亳縣是也」方合。可是濟陰郡也沒有亳縣，比照《漢書》二八上「山陽郡薄縣」下臣瓚另一條注稱，「湯所都」，才知「亳」「薄」通用（參下文引徐廣說及《元和志》七），「濟陰亳縣」即「濟陰薄縣」的異寫，有《水經注》二三「崔駰曰，湯塚在濟陰薄縣北」可證。唯西漢的薄屬山陽不屬濟陰，那恐怕是短時的改隸（如漢時的成武、單父，晉時改隸濟陰），或臣瓚誤記。

---

[160]　《國策地名考》一九引張琦說：「《漢書》偃師下亦未云西亳也。」

（3）杜預說：「梁國蒙縣（西）北有亳城，城中有成湯塚，其西又有伊尹塚。」（《書正義》引）皇甫謐《帝王世紀》：「蒙有北亳，即景亳，湯所盟處。」（《後漢書・郡國志》注引）又《水經注》二三「大蒙城」，「自古不聞有二蒙，疑即蒙亳也，所謂景薄為北亳矣，椒舉云，商湯有景亳之命者也」。《括地誌》以為即宋州北五十里的大蒙城，因景山為名（《史記》三《正義》引）。

（4）《尚書・立政》：「三亳阪尹。」皇甫謐「以為三亳、三處之地皆名為亳，蒙為北亳，谷熟為南亳，偃師為西亳」（《書正義》引），又說，「孟子稱湯居亳，與葛為鄰，葛伯不祀，湯使亳眾為之耕，葛即今梁國寧陵之葛鄉也。若湯居偃師，去寧陵八百餘里，豈當使民為之耕乎？亳今梁國谷熟縣是也」。（同上）《括地誌》更申稱，南亳故城在谷熟縣西南三十五里（《史記》三《正義》引）。

複次，《史記》一二九，「湯止於亳」，《集解》引「徐廣曰，今梁國薄縣」，是徐廣對亳地所在有偃師及薄兩說。這種糾紛，一方面表示舊史家無法確立考證，故隨時立說；另一方面卻引起盡量儲存不問事實之故智，把它們勉強牽綴在一起，如《史記》三《正義》，「湯即位，都南亳，後徙西亳也」，就是最典型的例子。[161]

---

[161]　金鶚《求古錄禮說》十〈湯都考〉：「亳即商丘，商丘其本名，後改稱亳也。」他的「亳」指南亳，也是這種例子之一。

　　徵引既畢，應該提出批評的意見。

　　首先是西亳，胡天游《石笥山房集》及孫星衍《外集·湯都考》皆以為後起之亳，我對這一點完全同意。次為北亳及南亳，顏師古辨湯都在谷熟事屬不經，又清人畢亨《湯居亳考》說：「北亳、南亳之名，於古無徵，唯至皇甫謐始創為異說……以附會三亳阪尹之文。」[162] 按一九三六年李景聃在商丘縣四面搜訪南亳遺址，毫無線索，[163] 準今測古，顏、畢之說也沒有錯誤。商族搬遷至東南，必攜帶著他們固有文化——地名，前頭已有詳論，只看《左傳·哀公十四年》載宋景公「薄宗邑也」的話，[164] 就是一個鐵證。至於梁國的蒙縣，當因蒙城而得名，《竹書紀年》稱殷墟為「北蒙」（參《史記》七〈索隱〉），照此來看，「蒙」原在北方，南方之蒙也是商族遷宋後的地理層化，「新蒙」又不知何時建築了兩座城池，土人以它們規模不同，復有「大蒙」、「小蒙」之別。總而言之，那些亳和蒙只是周代宋國的，不是商代的。

　　再來是山陽郡的薄，王國維的《說亳》謂「即皇甫謐所謂北亳，後漢以薄縣屬梁國，至魏、晉並罷薄縣，以其地屬梁國之蒙縣。……蒙之西北，即漢山陽郡薄縣地也（今山東曹

---

[162]　但畢氏卻仍主張亳在今商丘縣。

[163]　《中國考古學報》二冊八七頁。

[164]　洪亮吉《春秋左傳詁》二〇以為指南亳，王國維以為指北亳，那是無關緊要的。

州府曹縣南二十餘里）」[165]。按李賢《後漢書注》，薄故城在唐代曹州考城縣的東北，王氏據《地理韻編》曹南二十里的地望，似與李賢注相符，但他說薄縣併入蒙縣，我檢兩漢至六朝地誌，都沒見到，恐怕是出自臆測。而且《元和志》七「谷熟縣」下又說：「本漢薄縣地……亦殷之所都，謂之南亳，漢於此置薄縣，屬山陽郡，薄與亳義同字異，後漢改置谷熟縣，屬梁國。」認薄是南亳（不是北亳），併入谷熟（不是併入蒙縣），與王說異。今姑無論薄是北亳或南亳，或是南北兩亳之外別為一亳，皆與商代之亳無關，因為那些都屬於商族遷宋後層化的新地，如前所論及。又北亳果即山陽之薄，則湯都之亳只有三說，王氏以為四說，也是不對。

王氏特認北亳為湯都，雖然提出了許多相對的證據，但那些都不是重點所在。如所周知，佛教是發源於中印度，但自推展至北印度之後，中印度有四大塔，北印度也有四大塔，伽耶城有佛影，那竭城也有佛影，這並非古人立心作偽，而只是因事附會，為什麼中國全國記載下來的堯陵有十處以上，拿來一比，就可恍然。同樣的道理，商族被徙到南方，跟著他們便把「宋」即「商」的名稱一起帶到新居而去，他如商丘、亳、湯塚等等也自然地應時發生，過了幾百年後，一般人數典忘祖，以層化之地理為原始之地理，本無足怪。我們後人承繼著累積的記載，絕不能因為其處有某些古

---

[165] 《觀堂集林》一二。

蹟，便無條件地信以為真。換句話說，這一類的古蹟還出現
於別的地方，我們要從各方面加以合理的衡量，才能作出可
信或不可信的決定。

上述三或四個亳既然都不認是商代的亳，那麼，湯都的
亳究應在什麼地方呢？現在且將我的意見提出來。

亳字見於卜辭的，據學者考定，有下列數條：[166]

癸酉□貞其□亳漢在甲祐王（前二、二、四）

癸丑亳今月（前二、二、五）

夢**邜**（御）亳於妣乙（後上六、四）

甲寅王卜在亳貞今日ｘｘ　（鴻）凶

（上闕）商貞（中闕）於亳凶**巛**（後上九、一九）

末一條「商」與「亳」對舉，似乎兩地相隔不遠。檢視現
代地圖，內黃縣的南方有亳城，在前人所說的各亳之外；亳
城集見《圖書整合‧職方典》一三六，同書一四二稱：

亳城在（內黃）縣西南二十五里，按《書》，殷有三亳，
蒙為北亳……此為北亳，中宗陵寢近焉（按中宗即太戊）。

商中宗陵在（內黃）縣西南二十五里亳城東。

又同書一四〇稱：

商中宗廟在內黃西南二十里塚上。

---

[166]　託商承祚兄代為寫定。

湯王廟有三。一在內黃天一村，金章宗泰和四年所建也。

我在未找到這些材料之前，已很懷疑亳應該在黃河的北邊，現在，我的理想最少可得到一個實證了。《圖書整合》所收錄的，無疑是明代方誌，則亳在黃河北邊，金、明時代早有這樣的傳說。

《史記》三〈殷本紀〉：「主癸卒，子天乙立，是為成湯。」王國維說：「湯名天乙，見於《世本》（《書・湯誓》釋文引）及《荀子・成相》篇，而《史記》仍之。卜辭有大乙，無天乙，羅參事謂天乙為大乙之訛，觀於大戊卜辭亦作天戊（《前編》卷四第二十六頁），卜辭之大邑商，《周書・多士》作天邑商，蓋天、大二字形近，故互訛也。」[167] 內黃的天一村又天乙村的異稱，可見來源非常古老。唯《尚書序》：「伊陟相大戊，亳有祥桑、谷共生於朝。」《正義》說：「仲丁是太戊之子，太戊之時仍云亳有祥，知仲丁遷於囂去亳也。」如果太戊陵的古蹟有它相當的信值，則天乙（湯）的亳，應跟太戊陵同在內黃；再加「天一村」之儲存古稱，河亶甲（即仲丁的弟弟）城與亳城集相隔不過三數十里（見下文），將這幾點互相比勘，使我覺得商族最初的「亳」，以內黃一處最為可信。

這一推定，在古典裡面並非絕無憑證：第一，《左傳・

---

[167] 《觀堂集林》九。

昭公九年》周王的使人詹桓伯說：「及武王克商，蒲姑、商、奄，吾東土也，巴、濮、楚、鄧，吾南土也，肅慎、燕、亳，吾北土也。」那些都指武王滅商後所征服的地方，商似即商丘的省稱（說見前二項），肅慎相傳在東北，燕為今河北省的北部，依此來推理，亳應在河北省的南部或其鄰近，[168] 既曰北土，斷不是皇甫謐的三亳。桓伯的話發表於春秋末期，亳的釋地，就現在所知，應推為最早，王國維竟以為與湯都無關（引見前），實未嘗深入了解。

　　第二，《皇覽》稱，「帝嚳塚在東郡濮陽頓丘城南亳陰野中」（引見前），帝嚳之塚無疑是附會，但附會也有其環境的背景，頓丘在今清豐西南二十五里，正與內黃的東南相接，野稱亳陰，相信由亳城而得名。《皇覽》輯於三國時代，由此知「亳陰」、「亳城」的名稱最遲起自東漢；即是說，內黃亳城之歷史，比南亳還要早。王國維不知它與「肅慎、燕、亳」之亳有密切關係，另標為「衛地之亳」（引見前），那是王氏又一點的疏略。

　　第三，王國維據《竹書》和《天問》證明王亥（即振，參注 17）、王恆（《史記》世系未見）、上甲微皆與「有易」發生關係，亥被有易所殺，有易國當在大河之北，或在易水左右（依孫之祿說），古易、狄二字通，故知即《天問》之《有

---

[168]　丁山稱，「契所居亳，以情勢言，當在河北」（同前引文九八頁），是合於事理的；但他又連「燕亳」為一地，擬以今之北京，則極不穩當。

狄》。[169] 按晉南的狄族，據我前時所考，早在商末周初，已住在該地；[170] 周人的文法往往於族名、國名的上方冠以「有」字，像「有夏」、「有周」、「有扈」等，例子很多，然則「有狄」就是狄族，我們應向「狄」字著眼，與易水無關。春秋時期狄滅衛、滅邢，其侵略勢力是從太行山區向東或東北衝出，可想在商時也一樣。上甲微是王亥的兒子，又依王氏考訂，恆是王亥的弟弟，如果上甲微居鄴那條史料確有信值，則他的父叔想已住在鄴地（今臨漳西南四十里），當著狄族東侵之路，故狄人得而殺其酋長，奪其牛羊了。自此經數世至湯，稍移向東南，以古史勘古蹟，認湯都亳在現時內黃，實比其他各說最為可靠，唯能否成立則尚有待於發掘的判定。

後世稱「亳」的地方為什麼那樣多，我還有個推測解釋。據現代考古學家陳夢家說，「卜辭的社，或泛稱土，或稱亳社」；按《左傳・哀公四年》，「亳社災」，又《周禮・士師注》，「周謂亡殷之社為亳社」，依此理解，有社的地方便可省略「社」字而單稱作「亳」，後人不暇深究，於是見到名「亳」的地方就擬為湯之所都，這種誤會是很容易發生的。

---

[169] 《觀堂集林》九。主張這一說的無非因易縣曾發現三句兵，都以日干命名；但須知器物可以流動，如非獲有大宗物證，不能遽然肯定為某族住區。其次，據郭沫若考定，日干命名之俗，沿用至周代，也不能必其為前商期的遺物。簡單地說，這樣孤單的考古物證還未具有決定性作用。

[170] 《東方雜誌》四一卷三號四一頁拙著揭出中華民族與突厥族之密切關係。

## █ 四、自湯至盤庚五遷

　　《盤庚》上：「不常厥邑，於今五邦。」是不是湯想出來的，篇內沒有明文，上古游牧民族並不像後世那樣區別嚴密，即使我們相信湯滅了夏朝，也是部落中常有發生的兼併，不見得便要把一系傳下來的湯特別推為開朝始祖，什麼事都從他數起。唯《史記・殷本紀》認為「五邦」是由湯起計，[171] 張衡《西京賦》遂有「殷人屢遷，前八後五，居相圮耿，不常厥土」的話。再據《尚書序》說：「仲丁遷於囂，作《仲丁》。河亶甲居相，作《河亶甲》。祖乙圮於耿，作《祖乙》。」又「盤庚五遷，將治亳殷，民諮胥怨，作《盤庚》三篇」。《尚書》文與遷事可能有關的所見只此，不過如果把湯居亳和祖乙圮耿各算作一遷，也未嘗不可湊成五數。怎奈後人解釋各異：（1）有認為湯之前也應算上去的，像是馬融。（2）有認為湯居亳不應算的，比如《路史》。（3）有不數盤庚遷殷的，比如《尚書序正義》。（4）連湯和盤庚都數入，又或不止五數，如《古本竹書紀年輯校》載，湯之後外丙、仲壬、[172] 沃丁、小庚、小甲、雍己都居亳；仲丁即位元年，自

---

[171]　《本紀》說：「帝盤庚之時，殷已都河北，盤庚渡河南，復居成湯之故居，乃五遷無定處。」丁山謂《史記》「以五遷為盤庚一身之事」（同前引文九四頁），我初時亦有此誤會。但細讀《史記》，前文說湯始居亳，繼而敘遷隞、遷邢，再補盤庚時已都河北一句，連同盤庚復居亳恰成五數，可決《史記》確係自湯起計，不過它說來模糊，遂至引生誤會。

[172]　卜辭仲壬作中壬，仲丁作中丁。

亳遷於囂，外壬同；河亶甲自囂遷於相；祖乙居庇，開甲、
祖丁同；南庚自庇遷於奄，陽甲同；盤庚自奄遷於北蒙曰殷，
至紂之滅，更不遷都；依照它的話，湯以後南都計有亳、囂、
相、庇、奄、殷凡六處。茲按時代先後，臚列不同之說，略
成下表：

| 馬融（《釋文》引） | 商丘、亳、囂、相、耿 | |
|---|---|---|
| 鄭玄、王肅<br>（《盤庚正義》） | 商、亳、囂、相、耿 | 鄭奉馬說，可見鄭也認商丘和商為同地 |
| 《孔傳》 | 亳、囂、相、耿、亳 | 最末之亳指盤庚 |
| 《尚書序正義》 | 亳、囂、相、耿、亳 | |
| 《路史》 | 囂、相、耿、庇、奄 | |

大抵註疏家都泥解「五邦」的「五」，不要它多過五，也不要
它少過五，不知不覺間鑽進牛角尖去。其實上古人喜歡用
「五」作虛數，五邦、五遷不過「累遷」的異文。而且，遷的
多少次不是我們研究的重點，我們只要求知道有沒有遷和遷
到什麼地方去。

# ▌五、上司馬

《帝王世紀》引《世本》：「太甲從上司馬，在鄴西南。」（《御覽》一五五）孫海波謂「從乃徙之訛」[173]，以文義驗之，孫說可信（今武陟西南也有大司馬的地名）。

# ▌六、囂

《史記・殷本紀》作隞，《水經注》七作敖。李顒以為在陳留浚儀縣（《書正義》引）。「皇甫謐云……今河北也，或曰今河南敖倉」（同上）。關於這一地點，很難作出決定。[174]

# ▌七、相

學者間的解釋都還一致，《孔傳》說在河北，陸德明《釋文》：「在河北，今魏郡有相縣。」[175]《括地誌》：「故殷城在相州內黃縣東南十三里，即河亶甲所築都之，故名殷城

---

[173] 〈禹貢〉四卷六期二三頁。

[174] 丁山引《穆天子傳》：「終喪於囂氏，己卯，天子濟於河囂氏之遂。」證囂在敖倉之說（同前引文一百頁），尚待考慮。其他各地，他也有所考，以其未必能確立，不復多引。

[175] 《隋書》三〇〈魏郡安陽縣〉，開皇「十年，複名城陽，分置相縣……大業初廢相入焉」，又《舊唐書》三九武德元年，相州所領八縣有相，五年省。

也。」[176] 到北宋時又相傳有河亶甲墓，《考古錄·足跡礨下》說，「此器在洹水之濱、亶甲墓旁得之」[177]，與《括地誌》所載非同地。至如《河朔訪古記》，「安陽縣西北五里四十步洹水南岸，河亶甲城有塚一區，世傳河亶甲所葬之所也」，系將河亶甲墓誤作河亶甲城；董作賓根據《安陽縣誌》，認近年發掘之小屯村地方，正是《訪古記》河亶甲塚的所在。[178] 今試依《元和志》計算，內黃縣西北至安陽縣八十里，則河亶甲城與河亶甲墓相去不過百里，無論是否河亶甲所居或所葬，可信這兩地的歷史總有關聯的。《史記》七〈項羽本紀〉，「項羽乃與期洹水南，殷墟上」，秦時的傳說當然比較可信。除此之外，我還提出一個疑問：用人名作地名，古今所常見，河亶甲所居之「相」，是不是因相土而得名呢？《元和志》九「宿州苻離縣」，「故相城在縣西北九十里，蓋相土舊都也」；以為相土之都，無疑是地理層化，但這條史料卻意味著「相」可能因「相土」而得名，或者「相土」因「相」而得名。卜辭沒見過「相土」，先公中唯有「土」，王國維謂即相土，「相土或

---

[176] 據《史記》三〈正義〉引，《元和志》一六同；《通典》一七八：「相州，殷王河亶甲居相，即其地也」，只說相在相州境內，本與《括地誌》無異；胡渭「鄴東故大河圖」以殷城、相城分作兩地，完全出於誤會。

[177] 據《歷代鐘鼎彝器款識》四轉引。

[178] 同前《甲骨學》一〇轉引。按依前引《河朔訪古記》，河亶甲塚在安陽西北五里四十步，依後引《竹書紀年》，殷墟在鄴南三十里，又古鄴城在唐的鄴縣東五十步，唐的鄴縣南至安陽四十里（均見《元和志》一六），那又間接證明河亶甲之活動，已在殷墟附近。

單名土」[179]，假使王氏所疑為合，則後一說更近於事實。現在對此且不必深求，只看相土的商丘在濮陽，上甲微及太甲的鄴在臨漳，天乙至太戊的亳和河亶甲的相皆在內黃，又河亶甲的墓在安陽，總不出二三百里範圍之外。換句話說，商族活動的圈子，從相土數至河亶甲，似乎局限於三數縣的地方，是氏族部落牧地的隨時轉移，跟住國的遷都性質迥異。由這，更可進一步推定仲丁之囂，以河北說較近於事理。

## ▌八、耿或邢

說到祖乙圮於耿，問題可複雜得多了，為求異於明瞭起見，應先分開四點來討論：

第一，「圮於耿」的「圮」字怎樣解？《孔傳》：「圮於相，遷於耿，河水所毀曰圮。」《正義》對它的駁論是：「若圮於相，居於耿，經言圮於耿，大不辭乎？且亶甲居於相，祖乙居耿，今為水所毀，更遷他處，故言毀於耿耳，非既毀乃遷耿也。」如果相地被水漂沒，遷往耿地，而寫作「被毀於耿」，古今中外都無這樣文法，《正義》所駁，是正確不過的。《正義》引鄭玄說：「祖乙又去相居耿，而國為水所毀，於是修德以御之，不復徙也。」去相居耿，完全出於臆測，也是《正義》所根據，但鄭只稱為水所毀，並未指明黃河為患。

---

[179]　《觀堂集林》九。

司馬遷和班固都信禹是商以前的上古人帝，但司馬寫《史記‧河渠書》，班寫《漢書‧溝洫志》，總沒有把商族遷徙和黃河相關聯。《尚書序》是現在我們所能見到解釋商族遷徙較古的典據，它的敘述卻很含糊，沒有標出黃河字樣，只有後起的《孔傳》才說「河水所毀曰圮」，我們不妨將《尚書序》的文義，再來討論一下。

　　《孔傳》為什麼解「圮於耿」為「圮於相，遷於耿」？《正義》曾替它想出一個道理；《正義》說：「上云遷於囂謂遷來向囂，居於相謂居於相地，故知圮於耿謂遷來於耿，以文相類，故孔為此解。」但這樣解釋實是不對，《正義》已有駁論（引見前），不過從這，我們可以看見《尚書序》的文義，確有比較研究之必要。「序」前文的「仲丁」是主格，「遷」是自動詞，又「河亶甲」是主格，「居」是自動詞，依例來推，「祖乙」應是主格，「圮」應是自動詞。如果依《孔傳》解「圮」為「河水所毀」，則應以「河」為主格而「圮」是它動詞，其文當寫作「河圮於耿」（可以《說文》圮字下引《堯典》的「方命圮族」或《新唐書》三六的「河圮於滑州」為例），尤其是「祖乙」只是時間性的附屬詞，萬不能用作「圮」字的主格。假使說「祖乙河水所毀於耿」，文字是不通的；《正義》曾說：「古人之言，雖尚要約，皆使言足其文，令人曉解。」為什麼前文「仲丁遷於囂」「河亶甲居（於）相」那兩句文字都顯淺，單是「祖乙圮於耿」一句偏偏難通呢？我們對此，就不能不抱著一種疑問。

認「圮」是「河水所毀」，在較古的義解上只見於《孔
傳》。《爾雅・釋詁》的釋文，「圮，岸毀也」，無非引申《孔》
說。考《爾雅・釋詁上》，「虧、壞、垝，毀也」，《正義》引馬
融《尚書注》、又許慎《說文》都稱，「圮，毀也」，是「毀」不
一定是因為河水，人事也可稱毀。《爾雅・釋言》又著「圮、
敗，覆也」一條，邢昺作《爾雅疏》，既於《釋詁》稱「圮者
岸毀也，《書敘》曰，祖乙圮於耿」；於《釋言》又稱，「圮、
毀、敗、壞，皆傾覆也，《書》曰，祖乙圮於耿」。是圮於耿
的「圮」字，究應怎樣解釋，邢昺已持游移不定的態度，比方
依照後一解說「祖乙傾覆於耿」，不單止文字可通，更與《尚
書・堯典》的「方命圮族」用法結合（圮可作自動詞，也可作
它動詞）。唯是「傾覆」的範圍很廣，是不是確指黃河為患
呢？我們還要追問。

前頭一大堆的話，是想利用辯證方法，探求舊籍所謂遷
都、圮耿等等與黃河有無相關，商族的習俗凡事都要問卜，
而黃河的漲潮是每年都有的，每次漲潮又是定期的，何以總
未見他們卜問河水能否成災？卜辭已見過洹水，[180] 而洹水也
可稱作「河」（見本節節首引丁山說），即使認為有「河患」，
也不定指黃河（可比觀最近漳水為災），故因黃河決而遷都
的說法，很難成立。我們對這個疑團，似只可作兩種假定：
（一）像中古經師的想像，自「禹平水土」之後，隔了一千餘

---

[180]　同前《甲骨學》四引羅振玉說。

年，黃河都沒鬧過什麼大岔子，至周定王五年始有河徙之事。（二）商族自相土以後，多處於目下安陽及其稍東的地帶，少受黃河氾濫的影響。從現代科學的眼光來觀察，第一個假定是純屬玄想的、違背現實的，我們暫時只能相信第二個假定的可能性。總之，認祖乙時代有黃河為患是《孔傳》的創說，文義又不可通，可斷其沒有信值。

第二，耿是現在什麼地方？皇甫謐以為「在河東皮氏縣耿鄉」（《正義》引），與《括地誌》所說「絳州龍門縣東南十二里耿城，故耿國也」同是一地。王國維說：「仲丁遷隞，河亶甲居相，其地皆在河南北數百里內，祖乙所居，不得遠在河東。且河東之地，自古未聞河患；耿鄉距河稍遠，亦未至瀡圮也。」[181]

第三，耿和邢是不是同地？《史記》三〈殷本紀〉全沒見「圮」「耿」字樣，只稱「祖乙遷於邢」。如所周知，司馬喜好用自己的意見改古書的字，在這裡是否表現他經常的作風，用「遷邢」來替代「圮耿」，抑或他別有所本，前人沒作過詳論。唐司馬貞的《索隱》才替它作出「邢音耿，近代本亦作耿」的註解，還只算作一件事。後世人不信《索隱》的話，卻把耿和邢連綴起來，於是《皇極經世》一二有「祖乙踐位，圮於耿，徙居邢」的說法，《路史》和《困學紀聞》二也是一樣，末一書更辨稱「《索隱》邢音耿之說非」。《正義》曾說：「上

<hr>

[181] 《觀堂集林》一二。

有仲丁、亶甲，下有盤庚，皆為遷事作書，述其遷意，此若毀而不遷，《序》當改文見義，不應文類遷居，更以不遷為義。」胡渭拾其牙慧，遂在《錐指》四〇中下說：「仲丁、河亶甲、盤庚皆為遷事作書，祖乙但圮而不遷，何用作書？其為遷邢而作無疑矣。」認作書必是遷徙，理由實極不充分，難道政治方面除了遷徙就無別的事可以作書嗎？還有一點須記得，無論是「耿」是「邢」，卜辭都沒有見過。

　　第四，邢是現在什麼地方？即使承認圮耿遷邢全是事實，而邢地所在，仍有不同之兩說。《通典》一七八「邢州」，「古祖乙遷於邢，即此地，亦邢國也」。又《元和志》一五「邢州」，「亦古邢侯之國，邢侯為紂三公，以忠諫被誅；周成王封周公旦子為邢侯，後為狄所滅，齊桓公遷邢於夷儀。按故邢國，今州城內西南隅小城是也。夷儀，今龍岡縣界夷儀城是也。……隋開皇……十六年，割龍岡等三縣置邢州，以邢國為名也。」又於所屬龍岡、平鄉、內丘三縣，均稱為古邢國地，其地大略相當於現時邢臺、平鄉、內丘三縣。考《漢書·地理志·趙國》下稱，「襄國，故邢國」，襄國縣在今邢臺縣西南，《元和志》以為故邢國在邢州城內西南隅，與《漢地誌》合，而且都認周公子所封在河北不在河內。陳奐說：「《說文》，邢，周公子所封，地近河內懷；許與班說不同。……凡班志言故國，皆是始封國矣。」[182]

---

[182]　據汪遠孫《漢書地理志校本》引。

只有王國維祖述段玉裁，認為遷邢之邢應在邢丘，他說：「段氏《古文尚書撰異》引《說文》，邢，鄭地，有邢亭，疑祖乙所遷當是此地。然《說文》邢字下云，地近河內懷，則又指《左傳》（宣六年）……之邢丘（杜注：在河內平皋縣）也。邢丘……正濱大河，故祖乙圯於此也。」[183] 按《水經注》七〈濟水〉：「又東逕平皋城南，應劭曰，邢侯自襄國徙此。……瓚注《漢書》云：春秋狄人伐邢，邢遷夷儀，不至此也，今襄國西有夷儀城，去襄國百餘里。平皋是邢丘，非國也。」王氏的論據是從河水所圯出發，平皋在今黃河北岸溫縣之東邊，似乎頗合事理，但「河水所毀」的本身已大有疑問，也跟著削弱了王氏的論述，且去商族的活動地帶較遠，實不如邢州說之相對的可信。據《後漢書·西羌傳》稱，幽王被殺「後二年，邢侯大破北戎」，北戎的領域大家都知道靠近燕國，也是邢在河北之證（一九五六年八月七日新華社保定電稱，邢臺市發見商代遺址，可比觀）。

還有許慎何以會把邢和邢分作兩字和兩處地方，也應給以相當的說明。《說文》，「邢鄭地，有邢亭，從邑，井聲」。段玉裁《說文解字注》不以為然，他說：「云鄭地恐誤；蓋京兆之鄭，則篆文宜次於鄭之後。若河南之新鄭，則宜次於下文鄶、祁、郔之伍。此上下文皆河內地，不宜忽羼以河南地名也。疑即二志常山郡之井陘縣，趙地也，邢、井蓋古今

---

[183] 《觀堂集林》一二。

字，井陘山，《穆天子傳》作鈃山，《地理志・上黨郡》下謂之
石研關，師古曰，研音形。《玉篇》，邢，子省切。《廣韻》，
子郢切。大徐，戶經切。」揭出邢不是鄭地，「邢」即「井」之
繁文，又「井」字可以通「邢」（邢），實段氏的卓識。今金文
只見「井」無邢，但邢、鈃、陘同音（戶經切），是知「井陘」
係兩個音的地名，呼上一音則寫作「井」或「邢」（子省切），
呼下一音則寫作「邢」或更繁變而為「邢」（《說文》開聲，開
亦戶經切），《廣韻》讀「邢」如「牽」，只由方言的差異，這是
「邢」和「邢」代表兩音所以分作兩字的原因。《括地誌》：「太
行山在懷州河內縣北二十五里（《史記・夏本紀正義》引）。」
又「太行連亙河北諸州，凡數千里，始於懷而終於幽」。按太
行，《列子》作太形，則太行亦即「太陘」，太行有八陘，隨
處可以陘（邢）為名，平皋在懷州武德縣（《史記・魏世家正
義》引《括地誌》），位居太行的南端，故又得邢丘之名，這
是邢被分作兩處地方的原因。

　　以上彙集的解釋，無論專採一說或兼採數說，都各有其
缺陷。我初時本偏向於「邢音耿」的看法，認定司馬遷是改
字，後來因觀察商代大局，有所領悟，再透過王國維的有狄
即狄族的考定，對圯耿的觀點，跟著也完全改變，下面即我
的新解。

　　甲文沒有「耳」字，金文作 🄳 （取字的偏旁），小篆作 山

，跟甲文的 （犬）和 （易）都有點相像，「耿」可能是「狄」字之訛，其理由：(1) 今本《尚書》如「寧王」即文王，「天邑商」即大邑商，「治亳」即始宅，頗有錯字。(2) 商先王亥被狄族所害，想亦由於兩族戰爭。(3) 商族西北有好幾個強敵，屢生戰事，已為甲文家所證實。如我所見不錯，則「圮於狄」即敗於狄的意思，用「於」來表示被動之詞，是金銘和古典所常見的句法。

其次，邢是否應讀作耿呢？我以為也不一定見得，春秋時有狄滅邢和衛人滅邢，可見邢地總是狄、衛外侵的途徑。敗於狄應有其地點，司馬可能曾見異本，但無法掌握，遂誤寫作遷於邢了。今如了解為「祖乙被狄敗於邢」，只刪卻「遷」字，改正「耿」字，不單切合於商代環境，文章無格格不通之弊，而且與《竹書紀年》的「居庇」毫無衝突，除此之外，怕再沒有更為完善的解答了。秦穆公敗於殽而作《秦誓》，《祖乙》一篇想當是失敗後自我檢討的作品。

## ▎九、庇和奄

目前從殷墟掘出的卜辭，是盤庚至帝乙時所刻，[184] 這也許祖乙、祖辛、沃甲、祖丁、南庚、陽甲那幾個商王的住地（陽甲是盤庚之兄），的確不在安陽。然而祖乙既不是遷耿和

---

[184] 同前《甲骨學》二引王國維。

遷邢，則《竹書紀年》所載祖乙至祖丁居庇，南庚、陽甲居奄（引見前），自大增其信值。李斐然曾提出過庇即《毛詩》之邶，奄即《毛詩》之言，[185] 可惜未見詳說。

　　庇，中古音 pji，邶音 b'uâi，在言音上有轉變之可能。邶又作鄁，《說文》：「邶，故商邑，在河內朝歌以北是也。」鄭《詩譜》：「自紂城而北謂之鄁。」《後漢書‧郡國志》也稱朝歌北有邶國。按《詩‧伯兮》，「言樹之背」，《毛傳》，「背，北堂也」，則邶實以在北方而得名。唯其居在朝歌的北方，便會和狄族發生衝突，庇即邶的解釋是跟前項敗於邢地的解釋相應的。又如，《孟子雜記》：「王子干封於此，故曰比干。」（程大中《四書逸箋》四引）按「比」「庇」同音，也許是「邶」的音轉。

　　奄在什麼地方，據《尚書‧多方》鄭玄注說，「在淮夷之旁」，《說文》《後漢書‧郡國志》和《括地誌》都以為在魯國或即曲阜。李斐然所提之「言」，應即《邶風‧泉水》篇之「出宿於言」，據上一章「出宿於泲」來看，泲即濟字，則「言」可能在濟水流域，[186] 但「言」「奄」古讀的發聲和收聲均不相同，很難牽合。詹桓伯說：「蒲姑、商、奄，吾東土也。」

---

[185]　同前引《新亞細亞》雜誌。

[186]　趙一清《水經注釋》：「《元豐九域志》邢州古蹟干言山引《水經注》云，泜水又經干言山，邶《詩》曰，出宿於干，飲餞於言是也。」按我所見《元豐九域志》二（金陵局本）並無《水經注》引文，只於內丘縣下著錄干言山和泜水，內丘今同名，如果言邑確在內丘，就很難認為是東土之奄的。

擬為安陽地域之東南，似不致大誤，或者商族因受狄人壓迫暫時將牧地轉移到東南方去吧。至王國維《北伯鼎跋》謂邶即燕，鄘即魯，鄘、奄聲相近，引成王克殷踐奄，乃封康叔於衛，封伯禽於魯，封召公子於燕以證。[187] 按踐奄而封衛、魯、燕三國，不能作為衛、魯、燕即衛、鄘、邶之有力證佐。如果鄘就是魯，春秋時的魯國人及吳季札應該知道，為什麼季札聽著歌邶鄘衛的時候，只說「吾聞衛康叔、武公之德如是，是其衛風乎？」光把「衛」來概括「邶鄘」，那可見王氏這一宗翻案沒有多大可信度。

## ▌十、盤庚之遷及以後

　　後人拘泥於《尚書序》（引見前）的文字，多誤會《盤庚》三篇是盤庚自作，然而《史記》說：「帝盤庚崩，帝小辛立，是為帝小辛。帝小辛立，殷復衰，百姓思盤庚，乃作《盤庚》三篇。」早已申明為後人的作品。《索隱》譏司馬遷「不見古文」，其實開首第一句便說「盤庚遷於殷」，已足證明司馬遷之說了。近人何定生將三篇文義細為分析，更進一步認識這三篇純是周人作品，[188] 我很贊成其說，在這裡不必詳引，我所想補充的是，「盤庚遷於殷」，甲骨文沒有「殷」字，周人何

---

[187]　《觀堂集林》一八。
[188]　中大《語言歷史週刊》四九～五一期。

以稱商為殷，學者間也未嘗引起熱烈的研究。[189] 我數年前，曾提出漢族語彙摻雜多少突厥（或塗蘭）族語言；古突厥語 il 或 el，義為王國，[190] 漢以前華人讀如 in 或 en，和「殷」的中古音 iĕn 很相像。當商末周初，自陝東以至太行山脈，住著許多屬於塗蘭系的狄人（如鬼方），把商、周兩族隔離，[191] 狄人稱商族為「王國」（殷），周人因而借用，[192] 那是古代稱謂上常見的事（如漢族最初對佛教的了解是透過龜茲語和于闐語，又俄語舊稱中國為「契丹」，因而流行於歐洲，都是極好的例子）。後來真義失傳，一般人遂誤會為朝號。這些話如果還不夠有說服力，我可再提一個對照的例子，如殷紅的「殷」

[189]　郭沫若說，殷即卜辭所屢見之衣。《水經注》所謂殷城，其地在今河南沁陽縣，殷王每田獵於此，蓋其地有殷之離宮別苑在焉，故周人避其國號而稱之為殷也（據《甲骨學》四略引）。按商族不自稱為殷，近年已有定論，則非避其國號（《水經‧谷水》注：「昔盤庚所遷，改商曰殷」是錯的）《禮記‧中庸》鄭注：「衣讀如殷，聲之誤也，齊人言殷聲如衣」；「衣」和「殷」不過方音的轉變。呼「王國」如「衣」是否商族本語，我還不敢斷定，我所能肯定的，即郭氏的考訂給拙說以極有力的佐證是也。郭氏的意見，近年又略有修補，他在《奴隸制時代》（五頁）說：「根據卜辭的記載看來，殷人自己自始至終都稱為商而不自稱為殷的。在周初的銅器銘文才稱之為殷，起先是用『衣』字，後來才定為殷。……周人稱商為衣、為殷，大約是出於敵愾。」按「衣」只見卜辭，不是周人對他們的稱謂，說「出於敵愾」，也不見得；《墨子‧備城門》篇：「諸侯畔殷周之國，甲兵方起於天下，大攻小，強執弱。」畢沅說，「殷，盛也。」孫星衍說：「殷，中也，言周之中葉。」固然所釋不當；蘇時學說：「殷、周皆天子之國，言世衰而諸侯畔天子也。」孫詒讓《墨子間詁》以為「蘇說是也，此蓋通稱王國為殷周之國。」按《墨子》所言是戰國時事，與商何干？畢、孫（星衍）兩家豈不知周之前為「殷朝」，他們所以不如此解釋，正因為有點說不通。《墨子》這裡的「殷周」猶言「王周」，亦即孫詒讓所謂「王國」。周人稱商為「殷」，並無敵愾的意味。

[190]　《東方雜誌》四一卷一七號四二頁拙著〈誤傳的中國古王城〉。

[191]　《東方雜誌》四一卷三號三六及四一頁拙著《中華民族與突厥族之密切關係》。

[192]　周之先世也曾臣屬於商族，見〈禹貢〉一卷六期二～三頁孫海波的文。

中古音為 an（烏閒切），而突厥語 al 的意義是「紅」，漢語讀 al 如 an，復與 an 同，將這兩個例子相比照，更證明漢語的「殷」一般作「王國」解，轉讀作烏閒切則作「硃紅」解，都與突厥族語有其關係。[193] 唯《盤庚》篇有「殷」字，只此已夠證明它非商人的作品，「五邦」或只周人尚五的表現，亦即周人的虛數。

　　盤庚從什麼地方遷到什麼地方，舊日有極相牴觸之兩說：《竹書紀年》，「盤庚自奄遷於北蒙曰殷墟，在鄴南三十里」[194]（據王國維說，末句是《竹書紀年》的舊注），是由河南渡河而北；《史記》三「盤庚渡河南，復居成湯之故居」，是由河北渡河而南。末一說明顯是根據《書序》「將治亳殷」（引見前）的結果，但晉束晳所見孔子壁中《尚書》作「將始宅殷」；[195] 王國維認「治亳」是「始宅」之誤，且以為《竹書紀年》的自盤庚至紂更不徙都為獨得其實。[196] 唯《史記》既誤

---

[193]　我曾說：「依突厥語 al，紅色，末綴 chi 作 alchi，則義為『染紅品』，今俄語猶稱紅曰 alyï，恰可相證。煙脂，切韻 ien tsi，漢人讀收聲 -l 如 -n，故 alchi 為胭脂之語原。」（《民族學研究集刊》六期四九頁拙著〈闡揚突厥族的古代文化〉）按 alyï 即 arolǔ。

[194]　《水經注》九：「洹水出山，東逕殷墟北。《竹書紀年》曰：盤庚即位，自奄遷於北蒙曰殷。洹水又東，枝津出焉，東北流逕鄴城南。」《盤庚》的《正義》引《竹書》作「盤庚自奄遷於殷，殷在鄴南三十里」，《史記》‧七《集解》引作「殷墟南去鄴三千里」，同卷《索隱》又引作「盤庚自奄遷於北蒙曰殷墟，南去鄴州三十里」，文字雖詳略不同，方位並無衝突。唯唐以前無鄴州，「州」字是衍文。本篇所引，系參合改定。

[195]　據《尚書正義》。

[196]《觀堂集林》一二。至《禹貢錐指》四〇中下的擬解，殊為迂曲，此處不復引。

　　信盤庚遷往商丘之亳，而紂的都又在河北，於是不得不插入「子帝武乙立，殷復去亳徙河北」一段來自圓其說；可是，武乙之徙，毫無根據。《史記》卷十三的《三代世表》又稱，武乙的父親帝庚丁時「殷徙河北」，則司馬遷自己已發生矛盾，也反映「治亳」確實是誤字。

　　盤庚之後是小辛、小乙和武丁。《楚語》上：「昔殷武丁，能聳其德，至於神明，以入於河，自河徂亳。」韋昭注：「遷於河洛。從河內徙（原作「往」）都亳也。」又《水經注》九朝歌，「《晉書・道地記》曰，本沬邑也……殷王武丁[197]始遷居之為殷都也，紂都在禹貢冀州大陸之野，即此矣」。由前引王國維的考證，再參考近年考古發掘，自盤庚至帝辛，商族大本營皆在殷墟，那麼，入河、徂亳，不過臨時遊幸一類的事，韋昭以後世住國的眼光來讀古史，難怪會有點隔膜。我們再拿武丁這段史料，對照遷囂、居相等，更使我們研讀上古史時，不至過於呆板。

　　《史記》三〈正義〉說：「紂時，稍大起邑，南距朝歌（《元和志》一六，朝歌在衛縣西二十一里，約當今之浚縣），北距邯鄲及沙丘，皆為離宮別館。」邯鄲正當邢臺與安陽間之中點，又沙丘在今邢臺之東，春秋時屬邢國；[198]試比觀前文

---

[197] 《禹貢錐指》四〇中下指《道地記》「誤以武乙為武丁」，系由於過信《殷本紀》而沒有詳細探討。王應麟《詩地理考》引《帝王世紀》「帝乙徙朝歌」，《齊乘》引《三齊記》平陰「是帝乙之都」，這些單文孤證，都不再討論。

[198] 《漢書・地理志》鉅鹿縣，「紂所作沙丘臺在東北七十里」。鉅鹿即今平鄉。

的論證，這種擴大情況，想商朝中葉早已存在，並非始自紂時。我們又來看，周人的都城有宗周、成周；漢代的康居有冬居、夏居；唐、宋、遼、金均建立幾個都城或帝京；蒙古汗分四季住地；滿洲人受漢人影響甚深，而熱河也有避暑山莊。這一串的習慣，實即前文所謂「離宮別苑」，然則遷囂、居相或五邦等我們也許可用同樣眼光去看待它，不必執泥著「遷」字。尤其「相」與「殷」相隔不過百里，商族尚處於半畜牧時代，與其說是遷徙，毋寧說是轉移牧地。上述的觀察如果無誤，則商族自相土以後，直至紂之滅亡，並無什麼大舉遠遷，如後人所想像。

## 十一、商族移徙的範圍及其與河患有無關係

馮景《解春集》稱，「自相以下疑皆在河北」（指相、耿、庇、奄），商族活動的中心，除一兩處不確知者外，余以為都可適用這一個原則。現在把前頭已討論過的地點，按其時序，列成一表以證明拙見。

| 王名 | 居地 | 今地 | 備註 |
|------|------|------|------|
| 相土 | 商或商丘 | 濮陽 | |
| 上甲微 | 鄴 | 臨漳 | |

| 王名 | 居地 | 今地 | 備註 |
|---|---|---|---|
| 天乙（湯） | 亳 | 內黃 | |
| 太甲 | 上司馬 | 臨漳 | |
| 仲丁 | 囂 | ？ | |
| 河亶甲 | 相 | 內黃 | 可能原為相土的居地。 |
| 河亶甲墓 | | 安陽 | |
| 祖乙 | 邢（？） | 邢臺 | |
| | 庇 | 安陽之 | |
| 南庚 | 奄 | ？ | |
| 盤庚 | 北蒙（殷墟） | 安陽 | |
| 帝辛 | 朝歌 | 浚縣西南 | 《史記》八〈正義〉稱，在北蒙殷墟之南一百三十六里。 |
| | 邯鄲 | 邯鄲 | |
| | 沙丘 | 平鄉東北 | |

　　如以安陽為中心，則東南至濮陽，南至浚縣，北經邯鄲至邢臺各不出二百里，有史後商族活動的區域，相信實以此處為中心，再前則不可知。南庚兩朝或者因狄族壓逼太甚，東南移至「濟水流域」（即黃河），則「唯渡河以民遷」一句亦找得著落。呂振羽說：「商民族在其建國後之主要根據地，

在今日之河南東部、山東西部。」[199] 我個人研究的結果大致
與他相同。又翦伯贊說：「殷族最初的出發點，是在今日河
北平原西北之易水流域。……近來，考古學家在易水流域之
易州，發現了商代之三種句兵，又確切地證實了這一部分殷
族，直至青銅器時代，還是繼續定住於易水流域一帶」（三
句兵即大且、大父、大兄三戈），「在傳說中之契、昭明的時
代，應該還在河北平原以至河北境內之渤海海岸一帶活動，
因而所謂契居蕃之蕃，昭明居砥石之砥石，乃至相土之東
都，都不應該在山東境內。依據其他傳說的暗示，殷族之遷
徙，既非整族出動，亦非全部南徙，其中有一部分，始終停
留於河北。」[200] 按易州句兵是否商族遺物，還有疑問，定
住易水流域之說似受王國維的考證所影響，除此之外，翦氏
所說，我極之贊同。若說商族屢遷，其範圍很廣，且純為河
患，都未得到明據。（1）近人繪禹河圖或將內黃置於河的東
邊，但所謂「禹河」只是周定王以後的河，不是商代以前的
河（說見第六節）。（2）有史時代所見的豫省河患，很少衝到
內黃。[201] 所稱「鄴東」未知與鄴相隔多遠（參看下文第八節二
項乙）。如要用事實來證明，那非靠大量的考古發掘不可。不
過，災害是人類尤其半開化民族所最害怕的，假如說商族屢
遷，都為避河患而起，那麼，前車可鑑，自然應該會遠遠搬

---

[199]　《中國社會史綱》一六二頁。

[200]　《中國史論集》七五～七七頁。

[201]　參看〈禹貢〉四卷六期張了且〈歷代黃河在豫氾濫紀要〉。

走，為什麼轉來轉去，總不出二三百里的範圍，只就這一點設想，我們已很難堅持「河患」的論調了。

自盤庚至帝辛經過十二世不遷，從黃河變遷史來看，固可認作黃河沒通過那邊，另一方面從社會發展史來看，又覺得前朝所謂屢遷，只是游牧部落轉移牧地，後朝的不遷則是漸變為城市生活。換句話說，這些片段材料就是由氏族社會轉入奴隸社會的表示，從此可知，我們也可以設想商朝末葉才轉入奴隸制初期。

這裡更須作必要的補充。舊說商丘在梁國睢陽即現時的歸德，前文二項已有過詳細辨正，可是最近研究卜辭的還株守著這種解釋，對商、宋的地理層化，沒給以相當注意，我們不能不再作一個總括的聲明。論到商族居地，比較顯著的為商丘、亳、相和北蒙，今將其層化痕跡揭露如下：

| 鄰近安陽一帶的 | 鄰近歸德一帶的 |
|---|---|
| 商丘 濮陽東北 | 商丘 商丘 |
| 亳 內黃西南 | 南北亳 商丘南及東北 |
| 相 內黃東南 | 相 宿縣西北 |
| 北蒙 臨漳南 | 大蒙 商丘 |

只需要看安陽一帶有這四個古蹟，同時，歸德一帶又出現這四個古蹟，正跟前頭三項所舉中印有四大佛塔、北印也有四大佛塔的例子一樣，其問題露出後先層化的跡象。再看

在北邊鄰近殷墟的商丘、亳和北蒙（相除外）分布於數百里之間，而南邊那三個古蹟，卻集中於現時商丘一縣，尤不像民族徙居而卻近於古蹟複製，這是很可疑的間隙，考古者卻沒注意來比較。其他無可置疑的鄴，命名頗為普通的上司馬（現時豫東魯西的村鄉還多以「司馬」為名），都在臨漳，而商丘附近卻找不到亳的故址（見前文），據陳夢家說，商祀始於上甲，其歷史時期的帝王，以上甲微為第一個，兩相比觀，歸德的商丘不是商族發祥地，當無可疑了。

還有須提出的，裘日修《治河論》：「至商仲丁河決商丘，則分睢入淮以歸海矣，河亶甲決囂，則又分潁以入淮矣，武乙浚偃師，則且分汝以入淮矣。」[202] 古代雖有分睢、分潁的事實（參看下文第七節），但他所徵引的史料，多數錯誤，尤其是黃河並無入汝的痕跡，用不著我們作多餘的駁論。

根於前頭複雜的考證，這裡可簡化為如下之結論：

既知禹非人帝，跟著就要看商史有無黃河資料。《尚書序》及《史記・殷本紀》都說商族屢遷，但並未舉出遷的原因，後起的《孔傳》才解祖乙圮於耿為「河水所毀」，明末清初的人更進一步懷疑或坐實屢遷由於河患，那是研究上古河變很重要的問題。

游牧民族為要隨逐水草，避寒就暖，一年之內，屢移其

---

[202] 《經世文編》九六。

## 第四節　商族的「遷都」對黃河有什麼關係？

地，商族初期還是半畜牧社會，我們不應把行國的遷居和住國的定都等量齊看，這是第一點。上古地理層化，前節已有說明，依卜辭及地勢來看，商丘即商族的祖居，應在今濮陽，我們不要把層化的名稱看作原來的住址，這是第二點。從這出發來作地理考古，知道商族當日活動的中心，北起邢臺，南至安陽，東南達於內黃、濮陽，不出數百里之地，所謂「遷」，恐怕只是描寫游牧民族的習慣而辭不達意，未見得定與黃河潰決有關。

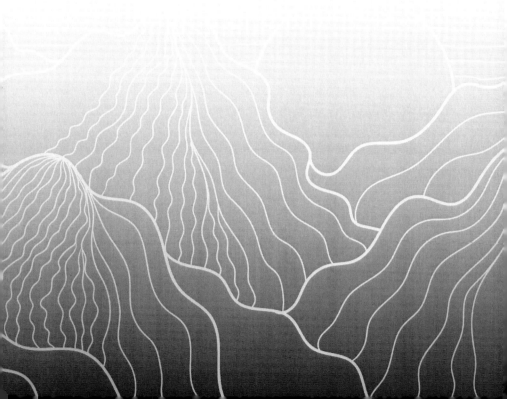

# 第五節
# 周定王時的河徙還存著疑問
# ── 不是春秋時代

　　王莽時，大司空掾王橫奏稱：「禹之行河，水本隨西山下東北去，《周譜》云，定王五年河徙，則今所行非禹之所穿也。」[203] 記定王時代的黃河改道，這是古書上唯一的孤證，而在前人的看法，又認為這是黃河第一次的改道。《漢書》三〇〈藝文志〉只收錄「《周考》七十六篇」「《臣壽周紀》七篇」「《虞初周說》九百四十三篇」，古代人同引一書，名稱往往不盡一致，王橫所援據的《周譜》，是否即在其內，我們已無從追究。但黃河在這次改道以前，經行什麼地方？改道之後，又經行什麼地方？因為「禹」本來並無其人，〈禹貢〉又經證明為戰國人的作品（見上文第三節），所以王橫的解釋，是不準確的。尤其是唐初顏師古所蒐集的《漢書注》，對於這次黃河如何改道，大家都毫無說明，現在要從新估定其實在情況，顯然是極為困難的一回事。

　　班固《漢書‧敘傳》雖然說「商竭周移」[204]，也沒有指實，直至宋人程大昌始有「周時河徙砱礫，至漢又改向頓丘」的話（據王應麟《河渠考》引），蔡沈作《書傳》，即承用程說，胡渭以為「妄談」[205]。關於這個問題，且留待第七節討論，現在先把舊日學者的意見，彙集如下：

---

[203]　《漢書》二九〈溝洫志〉。閻若璩據《梁書‧劉杳傳》：「桓譚《新論》云，太史《三代世表》，旁行邪上，並效《周譜》」，以為橫所引即此《譜》（《錐指》四〇中下）。

[204]　焦循《禹貢鄭註釋》：「齊桓時，九河既塞，乃變而為清河等水，是所謂移也。」這樣解「移」字，是不全面的。

[205]　《錐指》，《禹河初徙圖》，並參《錐指》四〇下。

（一）《水經注》五：「河之入海，舊在碣石，今川流所導，非禹瀆也；周定王五年河徙故瀆，故班固曰商碣周移也。」酈道元顯然以為禹河本從碣石入海，改道後，才不從碣石入海。換句話說，禹河改道只是下游海口的變遷。焦循不能領悟酈氏的辭旨，誤會這裡的「故瀆」是指《水經注》前頭的「河水故瀆」（引見下文），殊不知酈道元常用「故瀆」字作通名，凡水已經離開的舊道，都可稱作「故瀆」，它的意義，要看前後文理，才能決定。這裡的「周定王五年河徙故瀆」，顯然是承接「舊在碣石」一句，指「碣石的故瀆」（關於這個問題，應參看下文第六節）。何況《水經注》同卷別一段：

> 《述徵記》曰，涼城到長壽津六十里，河之故瀆出焉。《漢書・溝洫志》曰，河之為中國害尤甚，故導河自積石，歷龍門，二渠以引河：一則漯川，今所流也；一則北瀆，王莽時空，故世俗名是瀆為王莽河也。故瀆東北逕戚城西……

道元分明承用《漢書》孟康注的解釋（引見第六節），以「河水故瀆」或「北瀆」（即王莽河）為禹河二渠之一，他何嘗像焦循所說，以「故瀆」為定王時的禹河改道。更如《水經注》同卷別一段：「又有宿胥口，舊河水北入處也」，那無疑是指「鄴東故大河」；但道元並沒有說它是「禹河」，也沒有說明是什麼時代留下的「舊河」。綜觀上述所引一段及《水經注》九「清、漳二瀆，河之舊瀆」，便很明白。戴震校《水經注》，乃以為「案此所謂舊河即禹貢古河也」，那又是另一方

面的誤會。

　　（二）胡渭說：「禹釃二渠自黎陽宿胥口始；一北流為大河，一東流為漯川。周定王五年河徙，自宿胥口東行漯川，右逕滑臺城，又東北逕黎陽縣南，又東北逕涼城縣，又東北為長壽津，河至此與漯別行而東北入海，《水經》謂之大河故瀆。」[206] 他的基本主張是推翻六朝以來孟康、酈道元的解釋，採用程大昌的說法（引見第六節），認定「鄴東故大河」即禹河故道。這樣一來，《水經注》詳細描寫的「河水故瀆」即北瀆便變成沒有著落，他於是假定這故瀆是定王時河川改道所沖成。

　　（三）閻若璩不贊成胡渭的解釋，他根據《漢書》六〈武帝紀〉，元光「三年春，河水徙從頓丘東南，流入渤海」，認為「與《水經注》北瀆所行合。」[207] 元光三年始徙頓邱，則北瀆非周定王時所徙」[208]，所以他就認「鄴東故大河」為定王時徙出的河道。[209] 焦循對於前一點，也跟閻氏意見相同，他

---

[206]　《禹貢錐指》四〇下。

[207]　《水經注》五：「河水又東北逕伍子胥廟南，初在北岸頓丘郡界……河水又東北為長壽津，《述徵記》曰：涼城到長壽津六十里，河之故瀆出焉。」據《地理韻編今釋》，涼城縣在今滑縣東北，頓丘在今清豐縣西南，都可以證明頓丘的徙道與《水經注》的北瀆相合。司馬光《通鑑》一八省去「入渤海」三字，他舉出省略的理由：「《漢書》武紀云，東南流入渤海；按頓丘屬東郡，渤海乃在頓丘東北，恐誤，今不取貫。」（《通鑑考異》一）《禹貢錐指》四〇下對司馬光的錯誤，曾有辨正，它說：「河水徙從頓丘東南是一句，《通鑑考異》……蓋誤以東南二字屬下讀也。」

[208]　據焦循轉引。

[209]　《四書釋地續》

在《禹貢鄭註釋》說：「王莽河即武帝時頓邱之徙河，孟康謂出貝邱南南折，杜預謂出元城縣界，皆指此，不必周定王五年徙也。」唯胡渭應用主觀的臆測，所以在《錐指》四〇中下說：「頓丘東南之決河，未幾即塞，安得以河水為元光改流之道？」又在《錐指》四〇下中說：「及武帝塞宣房，道河北行二渠，則正流全歸北瀆，餘波仍為漯川，頓丘之決口，不勞而塞，故《志》略之。」至「鄴東故大河」的問題，將在第六、第七節再行討論。

（四）焦循著《禹貢鄭註釋》，又於胡、閻兩說之外，另創新解，大致注重駁閻，他說：

今以定王五年後考之，鄴東之河不徙於定王五年，其證亦有九。

文字太長，不必多引（並參注二），他跟著說：

周定王五年，魯宣公七年也。河徙，非常之事，《春秋》不書，一也。

進一步疑惑著定王五年河川改道之並非事實。這一次的改道，我們誠然未能從先秦古典上找出第二個實證，但像焦循上面的駁論，也不過片面的理由；《春秋》，人們都知道是魯國的史記，所以《左傳》有「不赴不書」的說明，河患如於魯國無關，《春秋》不把它記下，是一件很尋常的事。試問，我們能夠肯定二百四十二年之間，中國境內發生的大事，《春

秋》都毫無遺漏嗎？何況「定王」實不是春秋的定王呢（說見下條）。《金史》九五〈移剌履傳〉：「初河決曹州，帝問曰：《春秋》二百四十二年不言河決，何也？履曰：《春秋》止是魯史，所以鮮及他國事。」焦氏的認知，還不能夠趕上移剌履。焦循又說：

　　而定王河徙，（《史記》）紀、表、書、傳無一言及之，蓋考之不得其實，寧從其缺耳。且《譜》言河徙，未言徙何地，酈道元以故瀆實之，胡胐明乃以北瀆為定王時所徙，則《周譜》所未言，七也。

　　酈道元一句，前文已有辨正。河川改道到何地，固然應有的疑問，唯其有了疑問，我們越要從多方面推究，以取得合理的答案。自漢武帝起，直至近代咸豐五年（一八五五年）銅瓦廂之決，約二千年，黃河的重要潰堤發生不下數十起；再由武帝上溯至商朝又約千餘年，我們有什麼理由，能相信這樣一段的長時間裡，黃河總是安瀾呢？尤其是有史文記載之前，並未有過大量的人工導河，像舊日所傳禹王的故事；是不是定王五年，這一點倒無關緊要。

　　（五）胡克家《資治通鑑外紀注補》六：「（河徙）亦見《水經注·河水》下及《意林》引《新論》，皆作定王五年河徙。按《竹書》，貞定王六年，河絕於扈，河徙而《春秋》不書，疑是貞定王之時也。」因《春秋》未記載而懷疑，見解跟焦循相

同，只是片面的理由。再者，現下所傳的《竹書紀年》曾經散佚，是後人重新編撰而偽造，不過這一條確有所本。《水經注》五於「河水又東過滎陽縣北，蒗蕩渠出焉」之後，繼稱：「河水又東北逕卷之扈亭北；……《竹書紀年》，晉出公十二年，[210] 河絕於扈，即於是也。」關於這一問題，有三個考訂是須先解決的：

　　（1）《史記》四〈周本紀〉：「敬王崩，子元王仁立；元王八年崩，子定王介立……二十八年定王崩。」是周代有兩個定王，「前定王」約相當於元前六〇六～前五八六年，「後定王」約相當於元前四六八～前四四一年（此為王洲的計算）。可是徐廣引《世本》，敬王之子為貞王介，貞王之子為王元赤，並無「（後）定王」這個名稱。晉皇甫謐因提「豈周家有兩定王，世數又非遠乎」的疑問，而稱「後定王」「應為貞定王」。《索隱》則否定，它說：「皇甫謐見此，疑而不決，遂彌縫《史記》《世本》之錯謬，因謂為貞定王，未為得也。」可見「貞定王」一名實皇甫臆改，本無別據，反過來說，漢人所見某種周史，確有前後兩個定王，古代簡樸，隔數世而尊號相重，是很可能遇見的事。《偽竹書》的「貞定王六年」，無疑是從「河絕於扈」出發而仲算其相當年代，故沿襲皇甫臆定的「貞

[210]　戴震校注稱：「案近刻訛作二十二年。」按《史記》一五，《六國表》作出公在位十八年，又《史記》三九《晉世家·集解》引徐廣，「或云二十年」，似出公無二十二年。但《史記》三九《索隱》稱：「《紀年》又云，出公二十三年奔楚。」如果《紀年》之說不錯，出公也並非無二十二年。

定王」名稱，因之，「六年」之伸算，更毫無可信度。

（2）依前引《史記》，元王在位八年，定王在位二十八年。依皇甫則貞定王在位十年，元癸亥，崩王申，元王在位二十八年，元癸酉，兩王年數與《史記》不同，合計且多了二年，但不知他有什麼根據。

（3）《史記》一四〈十二諸侯年表〉，敬王崩於四十三年甲子；一五〈六國表〉，元王在位八年，徐廣說：元年乙丑。又定王在位二十八年，徐廣說：元年癸酉。據梁玉繩《史記志疑》三，敬王應在位四十四年，則元王元年應為丙寅，定王元年應為甲戌，定王五年戊寅恰是晉出公之十二年，也就是「河絕於扈」那一年，可算巧合不過的事。

前三點的考訂，我們相當了解，東周的河川改道應在「前定王」五年己未（元前六○二年）抑或「後定王」五年戊寅（元前四六三年），我們可以開始推斷了。按「絕」有斷滅、截渡二義，河水不會斷絕，斷絕必由於橫決，截渡則與沖過無異，那麼「河絕於扈」可信是「河水在扈地」潰決的古文。再者，《水經》稱濟水「又東過滎陽縣北，又東至礫溪南」，又《漢書》二九「滎陽漕渠」下如淳注稱，「今礫溪口是也」，滎陽漕渠就是蒗蕩渠，綜合這幾條史料來比看，更見「扈」跟「礫溪」大概可認為同一地點。然而礫溪是程大昌、蔡沈認為周定王五年河川改道的地方，由此，我們可以認為河徙

礫溪（沒有古典根據）實即古典中河絕於扈的異文。我們再向「前定王」審查一下，古文獻中絕無涉及河事的記載，而「後定王」五年確恰有「河絕於扈」的紀錄，當然不能推託成巧合的。自皇甫私改「貞定」的名稱之後，人們只知有「前定王」，不知有「後定王」，劉恕《通鑑外紀》一遂把「河徙」記在「前定王」五年之下，經生家像胡渭等沒有向歷史深入探討，訛以傳訛，鑄成大錯。胡克家的疑問也只用皇甫的「貞定」偽稱來提出，不用《史記》「定王」的名稱來提出，更不易得到一般注意。經過這回辯證，東周的河川改道應在元前四六三年，不是元前六〇二年，基本上毫無疑義。更詳細一點來說，《周譜》的「定王」是指「後定王」，有古本《竹書紀年》可作旁證，《史記》稱元王的子為「定王」，與《周譜》相同，並不是司馬遷的創說。把《周譜》的「定王五年」和《紀年》的「晉出公十二年」結合伸算，又可支持梁玉繩的敬王在位四十四年說，所謂一舉而數得。

（六）傅澤洪《行水金鑑》五說：「〈禹貢〉原無分渠之說……《史》《漢》皆言引河，不言引漯，何得遽以漯川實之？蓋周定王五年河徙，自宿胥口東行漯川，太史公遂錯認為禹之故跡，班氏從而附會之。」現在，我們知道上古沒有大禹治河的事實，所謂「禹河」，只是周時改道而出現的新河，如果依傅氏說，「鄴東故大河」又安置在什麼時代呢？

（七）裘日修《治河論》：「……固不獨周定王五年河始南徙也。」[211] 以周定王時河決為南徙，是毫無根據的。

歸結上邊的話，我們相信周時有過河川改道，至於從什麼地方改道到什麼地方，將於下節討論。又以前的書說，都認定王五年為大禹治水後第一次改道（或初徙），現在已知道大禹治水是神話性質，定王五年實是後定王五年，我們就應該改正錯誤，稱定王五年河徙為有史文時期可知的第一次改道。

本節所敘述，得簡括為結論如後：

王莽時王橫稱定王五年河徙，是古史上的孤證，清焦循始以《春秋》不書而疑其非真，胡克家又據《竹書紀年》而疑不是定王。按《竹書紀年》是魏國史，不用周王年次來編纂，胡氏所據的是偽本，如依《水經注》所引晉出公十二年「河絕於扈」，實相當於後定王五年（因為《史記》的年表有問題）。

單就定王五年來討論的，酈道元認為改道發生在下游碣石，胡渭認為發生在長壽津，閻若璩認為發生在宿胥口，而改道後的新道，雖三說不同，但同認河口在今天津附近。只有傅澤洪認為在漯川，至千乘（今高苑縣北）入海。

---

[211] 《經世文編》九七。

# 第六節
# 「禹河」是什麼？行經哪些地方？

# 一、禹河即東周改道的河，
## 在北方分作兩支（二渠）

前節已說明東周時期即戰國以前總有過一次河川改道，過去都認為是周定王五年（元前六〇二年）。但最近我根據胡克家的異議，經過一次檢查，也可能是貞定王五年或六年（元前四六四～元前四六三年），與舊說相比晚了一百三十八年。然而定王五年也好，貞定王五年也好，對於我們研究的進行，倒沒發生什麼大障礙。現在所要探究的，是河在哪裡潰決，潰決後沖成什麼新道？

本節展開討論時，會牽涉到好幾個流域名稱，有的是古典上著其名而沒說出它行經的路徑，有的是知道行經路徑但名稱卻任人賦予，更有的是名稱近於臆想且路徑也很模糊，對這些雜亂無章的書說，如不先行取得一個概念，閱讀時就會難以理解，無從辨別其是非。為減少這些困難，先概括介紹，相信是必需的。

### （1）鄴東故大河

見《漢書・地理志》，但沒說明是哪時代的河和經過什麼地方。程大昌、胡渭都斷定它為禹河故道，程任為奪漳水而行經澶、相、貝、冀、棣、景、滄等州，胡更詳細地說明其相當的今日地點（見下文）。

## （2）漯

見〈禹貢〉及《孟子》，都「濟漯」連言。《漢書·地理志》「東郡東武陽」，「《禹治》，漯水東北至千乘入海，過郡三。」依《水經注》所敘，它行經現在的禹城、平原、陵、德平、樂陵、商河、惠民、青城、蒲臺、高苑、博興等縣而入海。自孟康起都認它是二渠之一，只有程大昌認為它只是漢代的黃河（即河決頓丘時所改道，胡渭同），傅澤洪又認為定王五年所改道（傳說見前節）。

## （3）北瀆

也稱「河水故瀆」，見《水經注》。因它於王莽時枯竭，又稱作王莽河。孟康、酈道元認為它是二渠之一，胡渭認為它是定王五年所改道，兩說都不對。其實它是漢武元光三年河決於頓丘東南（長壽津），沖向東北之新道。

## （4）禹河

這個名稱本意味著〈禹貢〉所描寫的黃河，可是〈禹貢〉導河一節的文字非常空洞，釀成許多爭執。《史記》稱「北載之高地」，跟土橫的「水本隨西山下東北去」語氣相同，或者司馬遷是以鄴東故大河為禹河。孟康、酈道元則認北瀆即王莽河為禹河。但程大昌、胡渭復提鄴東之說，比較可信。

## (5) 二渠

首見《史記》，但沒說出它們的名稱和經行地方，其中一渠無疑應指「禹河」。至於另外一渠，孟康認為是漯川，理由相當充足。還有人提出二渠應南、北各一（南邊的應為鴻溝），或應在修武、武德界中，與漢時的「二渠」不同，最極端的如晁補之、林之奇更因〈禹貢〉未見「二渠」的名稱，不肯相信。

其次，我們在第三節已知道上古時代沒有大禹治水一回事，〈禹貢〉只是戰國人的作品，因此，它描寫的也只是戰國當時、東周河徙後的黃河新道，後來兩漢人臆想中的「禹河」也就是那一條新道。換句話說，「禹河」和東周時的改道河，是一樣的。抓著這條線索來進行研究，便清除了許多的障礙。然則從〈禹貢〉入手來推求禹河真相，豈不容易得多嗎？卻又不然。〈禹貢〉的描繪是很模糊的，不僅辭句含糊，也缺乏明確的系統化內容。人們要了解〈禹貢〉的真義，費盡許多工夫，現還得不到徹底解決，如果從它入手，就鑽入牛角尖去了。所以我們頭一步的做法，還是檢討漢人的書說。

《史記·河渠書》：「於是禹以為河所從來者高，水湍悍，難以行平地，數為敗，乃廝二渠以引其河，北載之高地，過降水……」[212] 又《漢書·溝洫志》引王橫說：「禹之行河，

---

[212] 《錐指》四〇中下：「高地非謂高於河之上流也。……特以大伾之東地益卑，以彼視宿胥口，則宿胥口之地較高耳，高地對上文平地而言。」對「高地」兩

水本隨西山下東北去。」[213] 漢人所稱的二渠，我們在未展開討論之前，須記得東周時有過一次河川改道，《史記》完全沒有提及，所以司馬遷的「禹河」，實即東周時改道後的新道。有人問我，班固的敘傳曾說過「商竭周移」，而《漢書‧溝洫志》也記錄禹釃二渠，那不是證明「禹河」和「東周時徙河」有區別嗎？我們又須知道《溝洫志》關於二渠的敘述，完全是抄自《河渠書》一字不改的，而「商竭周移」那一句又是根據別種材料的，班固著《漢書》，常常有自己不相照應的地方，如果他確信得那兩種河道不同，就應在《溝洫志》裡面分說明白了。王橫本同時知道禹河隨西山下及周時改道河的人，但他對於周時那條河如何改道，仍是模糊不明，所以沒法把這兩種河統一起來。

　　二渠雖見於《史》《漢》，後人卻有不信的。〈禹貢〉沒說二渠，宋晁補之（一〇五三～一一一〇年）的《河議》早已提出，[214] 因之，林之奇（一一一二～一一七六年）的《尚書

---

字，似乎已獲得滿意的解答；但我們須知那時候黃河是自流的，非禹導的，水性就下，「高地」二字不過是司馬遷一輩子的臆想。《中國水利史》認為「禹河能流行最久而後變」，就在載之高地（三頁），所見反出胡渭之下，何況鄴東故大河稱不上「流行最久」呢。

[213]　杜佑說：「西山者，太行恆山也。」程大昌說：「禹河自灣、相以北，皆行西山之麓。」又「古河之在貝、冀以及枯澤之南，率皆穿西山踵趾以行。」《錐指》四〇中下以為他們的話都不對，應指黎陽之上陽三山。據我所見，「西山」不過泛指西邊的山地，必要找一個或幾個山來作說明，可信非王橫的原意。

[214]　據《困學紀聞》一〇轉引。

第六節　「禹河」是什麼？行經哪些地方？

全解》也以為「此說不然」[215]。司馬遷寫《河渠書》，取材既不僅限於〈禹貢〉，可見他對於〈禹貢〉的評價，並非認其為記載已經完善，一字都不可改。晁、林持〈禹貢〉之無，疑《史記》之有，我們難道不可執《史記》之有而疑〈禹貢〉之無嗎？

　　還有《行水金鑑》五說：「〈禹貢〉原無分渠之說……《史》《漢》皆言引河，不言引漯，何得遽以漯川實之。蓋周定王五年河徙，自宿胥口東行漯川，太史公遂錯認為禹之故跡，班氏從而附會之；注家既知二渠一為漯川，而又不能明正其非，均失之矣。」傅氏不認禹河有二渠，見解跟晁補之、林之奇相同，然而禹河與「定王五年」的改道河，是一非二，既認「定五」東行漯川，則禹河也東行漯川了。濟、漯兩川均見於〈禹貢〉，濟實河的分支（見下文第七節）而〈禹貢〉沒有明說，那麼，單執〈禹貢〉無分渠而否認漯川為禹河故跡，不過是片面的理由。更重要的反證，則鄴東故大河很像西漢前早已斷流（詳下文第八節），如果禹河當日在北方沒有二渠，黃河又從哪處出海呢？假使鄴東故大河斷流後才東行漯川，則戰國時期卻沒見過黃河東決的記載，而《燕策》蘇秦死章，「齊有清濟、濁河，足以為固」。又是戰國初期的話。從這些分析，各家所提禹河沒有二渠及漯川非禹河故跡那兩項疑案，都可宣判結束了。

***

[215]　據《行水金鑑》五轉引。

《史記》雖首先提出二渠，但二渠的名稱和行經地方，卻沒有完全交代清楚。話雖如此，我們拿《河渠書》「北載之高地，過降水」的記載，和〈禹貢〉的「北過降水」、王橫的「水本隨西山下東北去」相比，可以確認司馬遷是認為「鄴東故大河」是二渠中其中一條。唯這大河的經途不明，鄭玄以為北接屯氏河，張洎以為經過濁漳（均見下文），胡渭以為「《水經》所敍漳水自平恩以下，皆禹河之故道」。[216] 胡氏的解釋，是來自於《水經注》九「清漳二瀆，河之舊瀆」，可是酈道元並未認作「禹河」，說已見前五節。

　　現在可能見到最先對二渠作概括解明的，就是魏孟康。《漢書》孟康注：「二渠，其一出貝丘西南二 [217] 折者也，其一則漯川也。河自王莽時遂空，唯用漯耳。」《水經注》五即遵守孟氏的解釋，稱王莽河作北瀆，以後經生們都認王莽河為「禹河」。然而程大昌撰寫《禹貢論》及《山川地理圖》，開始顛覆舊說，主張鄴東故大河為禹的舊跡。[218]《山川地理圖》上說：

---

[216]　《錐指》四〇中下。

[217]　此據《史記》二九〈集解〉所引；《漢書》二九注引「西南南折」。按古代重文的寫法，繫於字下作二（例如子二孫，二即子子孫孫），所以「西南二折」轉訛為「西南南折」。再者，《錐指》四〇下：《溝洫志》宣帝地節中，光祿大夫郭昌使行河北曲三所水流之勢，皆邪直貝丘縣。……成帝初，清河都尉馮逡言：郭昌穿直渠後三歲，河水更從故第二曲間北可六里復南合，今其曲勢復邪直貝丘……蓋即孟康所謂出貝丘西南二折者也，二折疑當作三折。。

[218]　據《錐指》四〇中下引。

（河）分派旁出者凡二：在南為濟，少北為漯。……周定王時河徙故瀆，[219] 則已與〈禹貢〉異；漢元光河又改向頓邱東南，流入渤海，則漢河全非禹河故道矣。司馬遷、班固雖能言禹河之在降水、大陸者別為一枝，而又雜取漢世新河，亦附之禹，其曰禹醴為二渠者是也。孟康順承遷、固此語，以漢河為漯川。[220]……然自此說既行，歷世儒者皆誤認漢河以為禹河。……歷世訛誤以為王莽故河，而不知其真禹河也。

他們倆的意見，我們現在試著來討論一下。其一，根據前節所引閻若璩說法，孟康承認北瀆為禹河正道是錯誤的。但孟康是以北瀆為王莽河，程大昌批評孟氏不應指鄴東故大河為王莽河，那是程氏自己的誤會。[221]

其二，程大昌主張鄴東故大河為禹河舊跡，也不是他的創見，他是結合《漢書‧地理志》「鄴，故大河在東，北入海」和《水經注》九「清、漳二瀆，河之舊瀆」[222] 的說法而提出。他受當時環境的限制，不知道禹河就是東周的改道河，

---

[219] 程氏這一句，只是引用《水經注》五的話（引見前文第五節），他的意思是空空洞洞的，猶之乎說，「周定王時河離開舊道」，並沒有指明徙往哪一處。依據前文第五節所引王應麟《河渠考》程氏是認「周時河徙砱礫」的，說詳下文第七節。

[220] 這一句文義晦澀，可參看《錐指》三〇所引陳師凱的解釋，文面是說，「認漢代的黃河為〈禹貢〉之漯。」又李惇《群經識小》：「程大昌言此乃漢河者，亦謂漯受河於武陽，乃漢河而非禹河也。若禹時之河由宿胥口北行，東武陽、高唐皆非河所經之地，漯固不得云出自高唐，其受河亦不始於東武陽矣。」

[221] 參看《錐指》四〇中下。

[222] 但《水經注》並未說明是什麼時代的舊瀆（參看前文第五節）。

這種錯誤，倒可饒恕。然而《河渠書》的二渠，沒有明白指出哪二渠，孟康的注是否代表《史記》的真意，還有疑問（參看前文），所以程氏對於司馬遷的批評，是應該保留的。

最後該論到胡渭了，他對於「禹河隨西山下東北去」，曾提出十五個證據，又對於「漳水自平恩以下為禹河之故道」，亦提出五個證據。[223] 他認禹河的故道是：

> 以今輿地言之，浚縣（屬直隸大名府）、湯陰、安陽、臨漳（並屬河南彰德府）、成安、肥鄉、曲周（並屬直隸廣平府）、平鄉、廣宗、鉅鹿（並屬順德府）、南宮、新河、冀州（並屬真定府）、束鹿（屬保定州）、深州、衡水、武邑、武強（並屬真定府），皆禹時冀東瀕河之地。[224]

和程大昌所說禹河經過澶、相、貝、冀各州（引見後文及注二），雖比較分析得清楚，但大致相同。胡氏又說：

> 漢、魏諸儒皆以北瀆為禹河；司馬遷知禹引河北載之高地矣，而不知當時所行者非禹河。王橫知禹河隨西山下東北去矣，而不能實指其地名。班固知有鄴東故大河矣，而不知其上承宿胥口。[225]

胡氏的這些說法與程氏責備司馬遷，固然是採同樣的態度。奇怪的是，胡氏也極力攻擊程氏：

---

[223] 《錐指》四〇中下。

[224] ．同上二九。

[225] 均同上四〇中下。

蓋唯不知漢時漳水自平恩以下皆禹河之故道，故謂鉅鹿
去古河絕遠，而以枯絳應降水，移大陸於深州，種種謬誤，
皆由此出也。[226]

不過這其實也沒什麼大不了的。[227] 大陸也不見得必是鉅
鹿，他總無法擺脫文人相輕的習氣。此外，他本身也犯有若
干錯誤，如（一）「頓丘東南之決河，未幾即塞」[228]。這一道
決河，應依閻若璩說，即《水經注》之北瀆，經過一百四十餘
年，至王莽時開始枯竭，並不是「未幾即塞」。（二）同上的
決河，他以為「河奪漯川之道，至千乘入於渤海」[229]，這因
為他把北瀆誤以為定王時改道河，而元光的新河無可安插，
因此不得不說成奪漯入海，大致仍是採用程大昌的說法，所
不同於程氏的，只是頓丘的決口，他以為不久即塞（可參看
前五節引文）。但漯川在西漢初期，已是黃河的分支（見第
八節），河水從原有的而且未曾斷流的分支出海，哪能叫做
「徙」？

再者，舊說認為二渠均在北方，但又有人認為應分指南
北二渠。例如，張燧《千百年眼》說：「至秦河決魏都，始有

---

[226]　同上。

[227]　他的詳細駁論，可參看《錐指》四〇中下；但我們如認降水、大陸是通名，
　　　　逆河是海潮，他的駁論，是無關緊要的。

[228]　均《錐指》四〇中下。

[229]　同上。

二流，子長蓋誤指秦時所決之渠以為禹跡也。」[230]《史記》、《漢書》除指出北載之高地外，都沒有說明二渠所在，二渠也許指南、北各一，張燧的話，我們不能完全排斥；只是，秦決河灌大梁，雖然通入淮、泗（見下文第七節引《漢書》如淳注），但另一方面據《史記·河渠書》的記載，則通入淮、泗的鴻溝，春秋時期早已存在（參下文第七節），並非始自秦代，張氏懷疑司馬因秦代決河才發生二渠的誤會，卻大大不對。此外尚有畢亨的說法，他以為二渠之跡，「當在修武、武德界中，非漢之二渠」[231]，我將在下面及第八節有所說明。

由於〈禹貢〉《史記》及王橫所說，「鄴東故大河」無疑是「禹河」，即東周時決河的一支。又由於前文對《行水金鑑》的辨正，我們也無法不認濼川屬於「禹河」的系統。《禹貢·兗州》：「浮於濟、漯，達於河。」漯字或寫作「濕」[232]，濟可通河，將於第七節得到證明，依這來推理，漯在戰國時代，也應該跟黃河通流。再由《孟子》「論濟、漯而注之海」來看，漯又是戰國時入海的川流；那麼，我們更不能不承認漯是禹河入海的一渠了。

---

[230] 據《金鑑》五轉引。

[231] 《九水山房文存》上。

[232] 朱楓《雍州金石記》一：「古人以濕為漯者不一；《說文》，漯水出東郡東武陽，入海，從水㬓聲，他合切。《漢書·王子侯表》，漯成侯忠，師古曰，漯音它合反；《功臣表》，駟望侯冷廣以漯沃公士，師古曰，漯音它合反；《功臣表》有漯陰定侯昆邪，《霍去病傳》《王莽傳》並作漯陰；《地理志》，平原有漯陰縣，而《水經》漯餘水亦漯字之異文。」㬓漯的「㬓」字，《說文》本作㬓，後世變㬓為「濕」，兩字遂混亂而無別（參《錐指》三〇）。

165

　　帶著這些漯的問題，是值得順便提出的。胡渭在《禹河再徙圖》第二十七裡面注稱：

　　河至故高唐縣界，與漯合，復分為二；漯由漯陰故城北，河由平原故城東。蓋自高唐以西至武陽，河在南而漯在北，自高唐以西至海，則漯在南而河在北矣。

　　這無疑是根據《水經注》五的編配而不是胡氏的創解，但我們試深入檢討，酈道元能夠自圓其說嗎？《水經注》曾稱：「二渠以引河，一則漯川，今所流也。」已承認漢前河水的一支是經漯而出海。換句話說，在那個時代，漯水就是黃河的支流。入後敘到河水經過東武陽縣（今朝城縣西）時，《水經注》稱「又有漯水出焉」，「出」的意義，即是由河水分流，自身本無來源之謂。[233] 之後河水東北過高唐縣時，《水經注》又稱「河水於縣，漯水注之，《地理志》曰，漯水出東武陽，今漯水上承河水於武陽縣東南」（北魏的武陽即漢的東武陽）。漯水既自河水分出，後來又注入河水，照這樣看，漯是黃河的分支，更無庸疑了。就算漯在東武陽的地方，曾接納了若干本土的溪流，可認為獨立的水川；[234] 但在高唐縣河、漯交流後，再度分為兩股，又有什麼方法辨別出哪股是河，哪股

---

[233]　李淳《群經識小》稱：「然則《地誌》言漯水所出者，謂漯水至高唐出河而東也，其所謂出，乃復自河出，非別由山泉及平地而出也。」我認為《水經注》漯水出東武陽之「出」也應同樣解釋，參下一條注。

[234]《漢地誌》「東郡東武陽」：「〈禹貢〉，漯水東北至千乘入海，過郡三，行千二十里。」似乎可算得獨立的川水。但無論如何，班固修志時河的一部分已東行漯川，《地誌》所說，充其量只能是以前某一個時期的情形。

166

是漯呢？《水經注》五：「《竹書·穆天子傳》稱，丁卯，天子自五鹿東征，釣於漯水，以祭淑人，是曰祭丘。已巳，天子東征，食馬於漯水之上。」如果西周時黃河不經魯北，漯曾獨立出海，那麼黃河再度侵入後，漯自然可保留其舊稱。然而即使是如此，實際上也不是單純的漯水。例如，咸豐前有大清河，自咸豐五年河奪大清入海之後，一般人都不再認它是大清了。濟水絕河而為「出河之濟」，已是古人的空想（見下文第七節），道元再構成河先南後北，漯先北後南的×（交叉）臆說，更屬空想中的空想。我們試再讓一步，認為「十字交流」說可以成立，那麼，漯水非流量極旺，斷不能造成這種特殊現象。然而《水經注》對於入海的漯川，卻稱「河盛則通津委海，水耗則微涓絕流」，這更說明從千乘入海的漯水，在漢、魏、六朝時無疑是黃河入海較弱的一股。[235]

較盛的一股即黃河的正流，據《水經注》五，它經過高唐（今禹城西南）、平原（今同名）、安德（今陵縣）、般縣（今德平）、樂陵（今同名）、朸鄉（今商河）、厭次（今惠民）、漯陽（今青城）、漯沃（今蒲臺）、千乘（今高苑）、利（今博興）等

---

[235] 《錐指》三〇，「渭按漯上承河水，非山源也」，又同書四〇中下，「凡河所經之地，納山源大川，則河徙而瀆不空」，唯其不是山源，所以有「河盛則通津委海，水耗則微涓絕流」（《水經注》五引《地理風俗記》）的現象。但《錐指》三〇又說：「其實河行漯川，獨武陽以上則然，而武陽以下，河、漯仍自別行。應劭曰，河盛則通津委海，水耗則微涓絕流，謂漯自高唐以東，以河之消長為盈涸，非謂河行漯以入海也。」然而漯既非山源，哪能成一獨立的流域？漯川既靠河水而消長，更哪能說河不行漯，這都是胡氏的大矛盾處。

縣，近海處復與南股亂流；這一條河道，試取《元和郡縣誌》所記唐代黃河經行（詳下文第九節）來對照，並沒發現什麼大變動。

歸納前頭冗長的辨證，我們可以得到一個結論：禹河就是東周時改道的河道，初時在北方約分為兩道，即二渠出海：一北支，即鄴東故大河，越過鄴縣（今臨漳縣西南），合著濁漳、清漳，向章武（今滄縣東北）流入渤海；又一東支，東出長壽津（約今滑縣東北），經高唐至千乘縣入海，別號漯川。兩支當中，在古典派的眼光去看，當然以北支為正流，但兩支流水量的比較，是無法使其復現眼前來供我們判定的。至東周時河在什麼地方潰決？北支到何時方始斷絕？留待下文第七、第八節再行討論。

## ▌二、〈禹貢〉導河一節的正解

既然我們知道了禹河是哪個時代的河，對於〈禹貢〉導河一節的辭義，自然較易領會。但從客觀來看，我們分析的時候，仍有應該注意的兩點：

戰國是七雄角立的時代，以私人資格，當然不能自由出入列國境界，作廣泛的深入的調查。而且山脈連繫，水源彎曲，即在二十世紀科學發達、旅行方便的時代，仍有許多蒙昧不明的地方，上古人對於各地山川的認知，能發展至如何

程度，也就可想而知了。〈禹貢〉的內容，縱使有若干出自作家親身的實地察看，但後世寫的許多地記、方誌，往往輾轉抄襲，並非通通經過實際上的調查，由今推古，我們仍可無疑地斷定〈禹貢〉的內容為採集與傳聞的綜合結晶，這是分析〈禹貢〉時候應該注意的第一點。

〈禹貢〉是聖經，無一字無來歷，無一字無著落，這種連續二千年累人不淺的束縛，終於被解除了。然而有人還在問，〈禹貢〉的水名、川名以至地名，到後世差不多一一都可指實，它的記載豈不是十分正確嗎？關於此項問題，尤不可不細加剖析。後世使用的地名，當然有一部分傳自上古；同時，也有一部分只是模仿古書而命名的，是不是古名如此，那可說不定。比方，〈禹貢〉「至於大伾」，《漢書》二九注：「鄭氏曰：[236] 山一成為伾，在修武、武德界。張晏曰：成皋縣山是也。臣瓚以為今修武、武德無此山也。成皋縣山又不一成也。今黎陽山臨河，豈是乎？」又《漢書》二八上注：「山再重曰伾，大伾山在成皋。」大伾山所在，最少有不同的三說，反映出「大伾」猶之現代俗語的「大山」，作家的本意並未嘗指某一處的山嶺，我們對三處的山都稱作大伾，也無所

---

[236] 鄭氏，臣瓚《集解》以為鄭德，顏師古《漢書敘例》批評其無據。今檢《尚書‧禹貢正義》：「鄭玄云，大伾在修武、武德之界。張揖云，成皋縣山也。《漢書音義》有臣瓚者，以為修武、武德無此山也。成皋縣山又不一成，今黎陽縣山臨水，豈不是大伾乎？」除張揖，張晏的不同之外，其他文義、次序，都和《漢書》注一樣，是孔穎達認鄭氏為鄭玄了。

不可。換句話說，〈禹貢〉裡面的名稱，被後人認作專名的，在古代可能只是一個通名，這是分析〈禹貢〉時候應該注意的第二點。

我既提出讀〈禹貢〉的方法，現在就把導河一節，作簡略的解釋：

> 導河積石，至於龍門，南至於華陰，東至於底柱，又東至於孟津，東過洛汭，至於大伾。北過降水，至於大陸，又北播為九河，同為逆河，入於海。

自洛水以西，河道向未發生過什麼大變動，可不必討論。只有關於底柱的險阻，明朱國楨《湧幢小品》說：「河中砥柱有三門：南曰鬼門，中曰神門，北曰人門。鬼門、神門尤為險惡，其中有山，號曰米堆。」康熙四十三年三月，博霽等奏，中流為神門，水勢甚溜，南為鬼門，水更洶湧，北為人門，水勢稍緩。三門之下百餘步為底柱，再下二里有臥虎灘。[237] 又道光二十三年麟魁等奏：「澠池以上為三門山，即〈禹貢〉底柱，南北皆危崖峭立，河流盤渦旋洑，南岸突起小阜，土山戴石……石迤邐而下，壁立水涯，東西數十丈，河中二大石對峙，河出二大石之間者為神門，南為鬼門，北為人門。神門寬三十餘丈，深不能測。人門寬二十餘丈，水深約二丈餘。鬼門寬僅二十丈，水深亦不過五六尺。隆冬時唯

---

[237] 《康熙東華錄》一五。

神門之水如故，餘皆乾涸，其河底俱整石相連。」[238]

　　大伾所在，除前文已提出幾種不同的解釋之外，程大昌《禹貢山川地理圖》上又說：

　　自大伾以下，不論水道難考，雖名川舊嘗憑河者，亦便（復？）不可究辨。此非山有徙移也，河既遷變，年世又遠，人知新河之為河，不知舊山之不附新河也，輒並河求之，安從而得舊山之真歟？

　　他未免思之過深，卻也言之有理，「自大伾以下，水道難考」，他已覺得〈禹貢〉對黃河下游的敘述，太過模糊了。其次，「導河積石」一句，作家的本意究指崑崙附近或指河關附近的積石（詳前文第二節），或甚而空空洞洞，僅轉錄從前的舊說，我們難以判定。但試略為統計，導河全節共十二句，敘黃河上游的只得一句，而河曲、河套之特伏，完全未有提及；敘黃河下游的共五句；獨中游（即龍門至大伾）占了六句，作家的知識似乎偏富於今陝東至河南一帶。對於上游的簡略，下游的模糊，表現出作家在這兩方面的了解甚為貧乏。李素英論〈禹貢〉的地位說：「從前人信〈禹貢〉為虞夏時書，又信為禹的治水作貢時親筆記載，它的地位自然很高。」「為了時代過早，知識有限，自然是有好些地方免不了謬誤和模糊。」[239] 蒙文通論〈禹貢〉內容時曾說：「〈禹貢〉記山川

---

[238]　《續行水金鑑》八七。
[239]　〈禹貢〉一卷一期五頁。

澤地，獨著濟泗渭洛，亦此道最詳，於東河西河江淮漢之域皆略。遠者僅著其名山大川，或更誤謬不可究詰。蓋密者知其為人物萃聚之區，略者則人稀地曠，其謬誤者，更人跡罕至，僅有傳聞焉耳。」[240]（東河即指北過降水以下五句）馬培棠曾試圖說明〈禹貢〉與梁惠王之關係。[241]又勞榦說：「〈禹貢〉一書完成的時代，至晚當在戰國之世，從他紀載的詳略看去，的確是關東人所作。」[242]我從導河一節來推測，或者是魏、韓兩國人的作品，亦未可定。

## (1) 北過降水

自此以下四句的正解，至今仍是聚訟紛紜。《漢書》二八上「上黨郡屯留縣」稱：「桑欽言絳水出西南，東入海。」[243]又二八下「信都國信都縣」稱：「〈禹貢〉絳水亦入海。」鄭玄的《尚書注》則說：

《地說》云：大河東北流，過絳水，千里至大陸為地腹。如《志》之言。[244]大陸在鉅鹿，《地理志》曰，水在安平信都。[245]鉅鹿與信都相去不容此數也。水土之名變易，世失

---

[240] 〈禹貢〉二卷三期五頁。

[241] 同上五期二二～二七頁。

[242] 《歷史語言所集刊》五本二分一八五頁。呂振羽在他的《中國社會史綱》四四一頁注七三也承認〈禹貢〉「為戰國人所作」，但未附說明。

[243] 王念孫《讀書雜誌》以為「入海」當依《水經》濁漳水注引桑欽，作「入漳」。

[244] 「志」字是指《漢書・地理志》。

[245] 西漢的信都國，漢安帝改作安平，故鄭玄稱絳水在安平信都。

其處，見降水則以為絳水，故依而廢讀，或作絳字，非也。今河內共北山，淇水出焉，東至魏郡黎陽入河，近所謂降水也。降讀當如郕降於齊師之降，蓋周時國於此地者惡言降，故改云共耳。又今河所從，去大陸遠矣，館陶北屯氏河其故道與？[246]

酈道元對鄭說提出一大段駁論：

余按鄭玄據《尚書》有東過洛汭，至於大伾，北過降水，至於大陸，推次言之，故以淇水為降水，共城為降城，所未詳也。稽之群書，共縣本共和之故國，是有共名，不因惡降而更稱。禹著《山經》，淇出沮洳，淇澳衛詩，列目又遠，當非改絳，革為今號。但是水導源共北山，玄欲成降義，故以淇水為降水耳。即如玄引《地說》，黎陽、鉅鹿非千里之逕，直信都於大陸者也。[247] 唯屯氏北出館陶，事近之矣。按《地理志》云，絳水發源屯留，下亂漳津，是乃與漳俱得通稱，故水流間關，所在著目，信都復見絳名而東入於海，尋其川脈，無他殊瀆，而衡漳舊道與屯氏相亂，乃《書》有過降之文，《地說》與千里之志，即之途致，與《書》相鄰，河之過降，當應此矣。

---

[246] 據《水經注》一〇引。

[247] 戴震的校本稱：「案此語有舛誤。」我以為「直」字古有「相當值也」的解釋，這一句並無誤字，只須把「非」字鉤在「逕」字的下面，讀作「黎陽、鉅鹿，千里之逕，非直信都於大陸者也」，便通。它的意思就是說：「鄭玄以為信都、鉅鹿中間的距離沒有一千里那麼遠，但須知《地說》所謂千里，係指黎陽、鉅鹿間的距離，並不是指信都和大陸的距離。《禹貢錐指》四〇中下：「道元疑之曰，黎陽、鉅鹿非千里之遙，是矣。」簡直與道元的用意相反對。

同時，又申明信都的絳瀆即〈禹貢〉的絳水：

（衡漳故瀆）又逕南宮縣故城西……又有長蘆淫水之名，絳水之稱矣。今漳水既斷，絳水非復纏絡矣。又北，絳瀆出焉，今無水；……絳瀆又北逕信都城東，散入澤渚，西至於信都城，東連於廣川縣之張甲故瀆，同歸於海，故《地理志》曰，〈禹貢〉絳水在信都，東入於海也。

這一條無水的絳瀆，唐時呼作枯洚渠。[248] 此後，宋張洎以為洚水即濁漳。[249] 實不出班、酈兩說的範圍，胡渭既主張張洎的解釋，而又謂：

然《漢志》，信都之絳水，則又有別；《志》云，故章河在北，東入海，〈禹貢〉絳水亦入海，蓋縣北故漳即禹河之改道，而絳水出其南則漳水之徒流，酈道元所謂絳瀆者也。……而酈道元云絳瀆今無水，唐人遂謂之枯洚，《通典》云，清河郡經城縣界有枯洚渠，北入信都郡界是也。此渠乃漳水二（漢？）時之徒流，《漢志》以為〈禹貢〉之絳水，大謬。而杜佑據以分冀、兗之界，自後說經者動稱枯洚以證導河之所過，皆班固〈禹貢〉二字誤之也。[250]

後世經生只把枯洚渠一小段的河道，以為即〈禹貢〉的洚

---

[248] 《通典》七八「冀州信都縣」：「北過絳水即此，亦曰枯絳渠，西南自南宮縣界入。」

[249] 據《錐指》四〇中下引。

[250] 《錐指》四〇中下。同書二九又說：「即以為禹跡，此亦是河別為降。」可見胡氏已不能堅持自說。

水，固然過於拘泥，但胡渭的辨證，本身仍具有兩種缺陷：其一，今河北省內枝流交錯，胡氏哪能知道絳瀆必非漢前原有的枝流而必為漢時漳水的徙流？其二，胡氏也說：「《漢志》雜採古記，故漳、絳二水並存，實一川也。漳、絳本入河，及河徙之後，漳、絳循河故道而下，故酈道元云，水流間闊，所在著目，信都復見絳名而東入於海也。」[251] 胡氏所持漳水徙為絳瀆之理由，既缺乏確據，剩下的不過全與分之爭點，哪能批評《漢志》為「大謬」？

鄭玄降水為淇水的假定，已引起酈道元的駁論，而酈氏所提降水為漳水那一說，我覺得也不穩當。因為《禹貢‧冀州》下曾說過「至於衡漳」[252]。衡又作橫，鄭玄注，「橫漳，漳水橫流」，前文既呼作衡漳，為什麼這裡又改作降水？[253]

降水是什麼？現在，我另行提出一個新解釋，但嚴格來

---

[251] 同上。

[252] 關於漳水，我還要附加一點考證，前人所未提過的。《呂氏春秋》說：「古龍門未開，呂梁未發，河出孟門，大溢逆流，名曰洪水，禹乃決流疏河為彭澧之漳，所活者千八百國，此禹之功也。」以文義來看，《呂覽》的「漳」當然不是指冀州的「衡漳」，因為前頭的呂梁、孟門和它相隔很遠，所以〈禹貢〉的註釋向來都沒有引過《呂覽》這一條。而且在古典裡面，同名「漳水」的不止一處，如《左氏傳》宣公四年漳澨，杜預《釋例》說：「漳水新城沶鄉縣南」，那是荊州的「漳水」。《國策地名考》八：「《通雅》，漳十有一，皆以清濁合流而名（沈存中以清濁相蹂者為漳）」。「漳水」不定指河北，已有確證。複次，〈禹貢〉雍州「漆沮攸同」，澧亦作鄜，《漢書‧地理志》澧水出扶風鄜縣東南；則彭澧之漳，很像與呂梁相近而在雍州區。我前幾年以為《穆天子傳》一「天子北征乃絕漳水」的「漳水」，不是現在河北的漳水，得這幾條作證，更使考據的實力大大增加。

[253] 我這個駁論，跟丁謙《絳水考》：「何〈禹貢〉載覃懷底績，至於衡漳，並不云至於洚水乎？」（《水經注正誤舉例》四）意思相同。

說，也不能算作完全新解，不過由我綜合起來，重新提出而已。

《尚書・大禹謨》：「降水儆予。」降或作洚，蔡沈《集傳》：「洚水，洪水也，古文作降。」按《孟子・滕文公下》：「《書》曰，洚水警餘，洚水者洪水也。」又《告子下》：「今吾子以鄰國為壑，水逆行謂之洚水，洚水者洪水也。」（逆行猶謂不順水性，針對白圭的壅水立言，朱熹注以為「水逆流」，太泥）這正是戰國時代「洚水」的正解。古書重音不重形，凡同音的字，隨便可以通用，王念孫、引之兩父子及俞樾已經屢屢揭出，所以古文只寫作降，後世取氵旁的會意，遂改作洚，洚乃後起的字。降水的本義，猶謂氾濫之洪水，因當日河北東部地面低下，各水的枝派互相通貫（直至現代仍然如此），〈禹貢〉的作家既未能分別津流，只可用「洪水」兩字包舉一切。及後來轉為「洚水」或「絳水」，人們因此會誤會是河流的專名，尤其是經生家把〈禹貢〉作者的知識特別抬高，以為是禹王遺下的史記，這種誤會，愈加牢不可破。

這樣子解釋降水，並不是我的私見，如果不信，試再舉出幾個例子來：

《尚書・禹貢》曰，北過降水，不遵其道曰降，亦曰潰。（《水經注》五《河水》）

漳水東逕屯留縣南……有絳水注之……謂之為濫水也。

（同上一 《濁漳水》）

　　又有長蘆淫水之名，絳水之稱矣。（同上）

　　由是益可證「降」的意義往往與「潰」、「濫」、「淫」等相連繫，近世稱徒駭河的下游為絳河，大約也蘊含著這一個意義。

　　還有一點，鄭玄疑屯氏河為禹河故道，酈道元以為「近之」（引見前）。[254] 胡渭的駁論：「然鄴縣故大河在東北入海，《地誌》有明文，禹河既自宿胥口北行至鄴，豈復東行至館陶而與屯氏相接哉？其非禹跡亦明矣。」[255] 還嫌未得徹底。《漢書·溝洫志》：「（武帝）自塞宣房後，河復北決於館陶，分為屯氏河，東北經魏郡、清河、信都、渤海入海」；又同書《地理志》魏郡館陶縣，「河水別出為屯氏河，東北至章武入海，過郡四，行千五百里」，是屯氏河系漢武帝末年所決成，《地理志》也未加上「故大河」的字樣，它顯然不是戰國時代的河道。

## （2）至於大陸

　　大陸有以為澤名的，如《爾雅·釋地十藪》稱「晉有大陸」。《爾雅》多是釋經的文字，這無疑是指〈禹貢〉的大陸，

---

[254]　焦循《禹貢鄭註釋》：「屯氏之絕亦久，當時學者有以屯氏之河為禹河者，故鄭氏疑之。」那是鄭派替鄭玄辯護的話。

[255]　《錐指》四〇中下。

所以《漢書》二八上「鉅鹿郡鉅鹿縣」稱，「〈禹貢〉，大陸澤在北」。

有以為地名的，如《水經注》九，「紂都（朝歌）在〈禹貢〉冀州大陸之野」，同書一〇，「自寧 [256] 迄於鉅鹿，出於東北，皆為大陸」。宋葉夢得說：「高平曰陸，大陸曰阜，大陸以地形得名也。」[257] 又程大昌《禹貢山川地理圖》上說：「《春秋》，魏獻子嘗田大鹿，焚焉，還，卒於寧。杜預亦不能定大陸所在，第疑鉅鹿與寧太遠，遂意大陸當在河內修武縣也。……河內遠在澶、魏上方，未為大河北流之地。……隋氏改趙之昭慶以為大陸，唐人又割鹿城置陸澤縣 [258]……後世亦不堅信也。……《爾雅》，廣平曰陸，大陸云者，四無山阜，曠然而皆平地，故以名之。……禹河自澶、相以北，皆行西山之麓……及其已過信都古絳而北，則西山勢斷，曠然四平，遂本其事實而用大陸命之。……自大陸以北，為唐之棣、景、滄三州，地則益下，故河於是播裂為九，則其地不復平衍而特為卑窪故也。」人們拿鉅鹿來比大陸，無非因「巨」與「大」同一樣義解，但其讀音則絕不相同；況且《呂氏春秋》的九藪，既有趙之鉅鹿，又有晉之大陸，可見這兩個名稱不一定產生連繫。胡渭說：「要之廣平曰陸，是處有之，

---

[256] 《尚書・禹貢正義》：「《春秋》，魏獻子畋於大陸，焚焉，還，卒於寧；杜氏《春秋說》云：嫌鉅鹿絕遠，以為汲郡修武縣吳澤也；寧即修武也。」

[257] 　據傅寅《禹貢說斷》一引。

[258] 　這就是我前文所說，有些地名系模仿古書而命名的一個顯著例子。

其大者則謂之大陸；猶之高平日原，亦是處有之，其大者則謂之太原耳。」[259] 我認為最合〈禹貢〉的原義。

如果離開〈禹貢〉的立場，則澤名和地名兩種解釋都可以通。但就〈禹貢〉來說，大陸無疑是指一塊廣漠的平原，《水經注》說南起朝歌，北至巨陸東北，「皆為大陸」，最得其的。胡渭的「大陸，地也，非澤也」[260]，雖然沒錯，但又說「然自禹河徙後，去古日益遠，大陸不知所在」，仍為某一點的專名，未免太過拘泥。〈禹貢〉前文冀州節，「恆、衛既從，大陸既作」，即謂某某兩水已不復氾濫，平原地方已可以耕作，跟本節的大陸同屬冀州區域，則取同樣的解釋，較為合理。總之，「北過降水，至於大陸」兩句，其意義是非常浮泛的，並無專指的。

## (3) 又北播為九河

自從汪中揭出古書上的「三」和「九」是虛數之後，[261] 已打破了書痴的迷信不少，可惜他的舉例只限於某某部門，未能大量揭發，比方《堯典》的九族，〈禹貢〉的九江，就是最顯著的例子。因其是虛數，所以哪些人屬於九族，哪條水謂之九江，從漢代至今，各有各的見解，從未達到彼此妥協和大眾公認的地步。說到九河問題，也是不能例外。

[259] 《錐指》二九。
[260] 同上四〇中下。
[261] 《述學內篇》一。

　　《爾雅‧釋水》，「徒駭、太史、馬頰、覆鬴、胡蘇、簡、
絜、鉤盤、鬲津、九河」，把九河名稱一一羅列，似乎煞有介
事。《漢書‧溝洫志》記成帝鴻嘉四年，「許商以為古說九河
之名，有徒駭、胡蘇、鬲津，今見在成平、東光、鬲界中，
自鬲以北至徒駭間，相去二百餘里，今河雖數移徙，不離
此域」，九河只舉得三個。班固修《地理志》，也找不出新的
內容。

　　中古的經生既認定「九」的實數，同時又信奉〈禹貢〉為
聖經，於是不能不另求解圍的方法。《春秋緯保乾圖》：「移
河為界在齊呂，填闕八流以自廣。」[262] 又鄭玄《尚書注》：
「周時齊桓公塞之，同為一河，今河間弓高以東，至平原鬲
津，往往有其遺處。」[263] 然而要填塞八個河流，不是一件
容易的事，就算做得到，為什麼西漢時代仍然留著三個？元
於欽《齊乘》說得好，「禹後歷商、周至齊桓時千五百餘年，
支流漸絕，經流獨行，其勢必然，非齊桓公塞八流以自廣
也」[264]。

　　《水經注》一○：「遺跡故稱，往往時存，故鬲、般列於
東北，徒駭濆聯漳、絳。」又同書五稱篤馬河「故渠川脈東入
般縣為般河，蓋亦九河之一道也」。已認鉤盤河在漢平原郡的

---

[262]　均據《尚書‧禹貢正義》引。

[263]　同上。

[264]　據《錐指》三○引。

般縣。[265] 此後九河的所在，至明代而全數陸續出現：

簡在貝州歷亭縣界。（《史記正義》）

德州安德縣，古馬頰、覆鬴二河在此。（《通典》一八）

滄州南皮縣有潔河，〈禹貢〉九河之一也。（宋歐陽忞《輿
地廣記》一）

太史河在南皮縣北。（《明一統志》，據《錐指》三引）

古人所未知的事，留待後人發掘，在研究上是屢屢碰見
的。但我們同時要顧慮到地理稱謂，「或一名而更兩出，或新
河而載舊名」[266]，「平當云，九河今皆闐（與填同）滅；馮
逡云，九河今既滅難明；王橫云，九河之地已為海所漸。……
而近世學者又患求之太詳，凡後人所鑿以通水而新河以舊號
者，悉據以為禹之九河……以漢人所不能知而一一臚列如
此，可信乎，不可信乎？」[267] 于欽「嘗往來燕齊，西道河
間，東履清、滄，熟訪九河故道」，著成《齊乘》一書，於九
河所在，好比按圖索驥。胡渭以為「求九河者……亦不必取
足於九」[268]，這可算是一語道破。

我們依據汪中的發現，以唯物辯證方法，可以相信〈禹

---

[265] 《通典》八〇「滄州樂陵縣」，「古鉤盤河在縣東南」，般縣今德平縣，德平和
樂陵交界，是《通典》所說，實本自《水經注》，程大昌、胡渭等均誤以為唐
人方才曉得。

[266] 程大昌《山川地理圖》上。

[267] 均見《錐指》三〇。

[268] 同上。

頁〉作者的意思不過說「分為好幾道河」，當日的俗語是習慣用「九」以代表多數。凡在海平下入海的川流，往往有許多港汊，狀類絲網，這是世界上任一大河所常見的事。水流如果非挾著大量泥沙，這些港汊就可以長久不變，但假使淤澱太多，就很容易堵塞。今河北東部一帶地勢低下，河流近入海地方分為無數港汊，純屬於自然現象。播是自動詞，鄭玄注，「播，散也」。魏應瑒《靈河賦》，「播九道於中州」（播是「播為」的省文），《水經注》二二，「渠溢則南播」，用法一樣。又北播為九河，即是說黃河至此，自己分為幾道，「今河在利津入海，尚分多股，當時情形，應無大異。故黃河自播為九河後，即分途入渤海，無合九為一之事」。[269] 自然的趨勢古今相同。後人誤解為他動詞「使其分散」，張含英所稱，「乃順當時自然之情勢以導引之」[270]，立論猶未能徹底。簡單地說，「又北播為九河」的意義也是極其空洞，人們必要把徒駭等列為九河，不單止徒勞無功，且有點食古不化。

　　胡渭對大陸的解釋（見前文），確是恰到好處，奈何論到大陸的地域時候，他又依然陷入泥淖。他說：「傳同叔云，凡廣河澤以東，其地平廣，綿延千里，皆謂之大陸，是瀛、滄亦大陸矣。河自大陸又北，始播為九河，誠如傳言，則許商所謂九河自鬲以北至徒駭間相去二百餘里者，將何所容其

---

[269]　據《古今治河圖說》九頁引。
[270]　《治河論叢》四八頁。

地乎？」[271] 他的錯誤完全因為不知九河應指近河口的地方，傅寅所說是對的。

## (4) 同為逆河入於海

什麼為「同」，什麼為「逆」，前人的解釋，也多數搔不著癢處。《呂氏春秋》：「鉅鹿之北，分為九河，又合為一河而入海。」鄭玄說：「下尾合名為逆河，言相向迎受。」王肅說：「同逆一大河，納之於海。」[272] 又《孔傳》：「同合為一大河，名逆河而入於渤海。」都以為九河至下游地方，複合為一而後出海。但我們如果相信河已分作九派，依常理而言，多各走一途，越去則相距越遠，除非遇著山嶺夾束等大力阻礙，很難想像會再次合而為一。尤其是依照許商的話，鬲至徒駭相去二百餘里，[273] 怎能發生這樣變化，九道河都同歸一道出海呢？

鄭以「逆」為相向迎受，《孔》以「逆」為專名，都未可信。而徐堅《初學記》六：「逆，迎也，言海口有朝夕潮以迎海水。」[274] 解釋最為正確。明末夏允彝《禹貢合注》：「今九河之下，即為逆河，殆謂自此而下，即海潮逆入矣，蓋名雖

---

[271] 《錐指》二九。傅同叔就是傅寅。

[272] 鄭、王兩說均見《禹貢正義》。

[273] 如果依《錐指》四〇中下「受以廣二百餘里之逆河，踴躍翻騰而入海」的設想，那簡直是淤澱未成的海灘，不能說是「逆河」。

[274] 《錐指》四〇中下既稱徐堅「此義最優」，其前文又說，「所以名逆者鄭義盡之」，然鄭、徐的解釋實不相同，胡氏未免自相矛盾。

為河，其實即海也。」[275] 又靳輔《治河工程》：「夫河也而以逆名，海湧而上，河流而下，兩相敵而後入，故逆也。」[276] 那些話都是對的。因為淤澱越多，河口便越向外伸展，同時，海水也往後退。廣州人呼「過河」作「過海」，北方人聽不慣，其實，現在的河邊，好久以前就是海邊，不過儲存古語罷了。

最奇的，「同為」的「同」字，歷來都解作「合」，從未有人解作「相同」的「同」，那可見的教條主義，在學術上害人不淺。「同為逆河」的真義，就是「一樣變作有海潮逆上的河」，而鄭派的經生竟解作「合併為一道相互灌輸的河」，如風馬牛不相及，無怪乎難通了。

此外，還有一類逆河陷海的論調，尤不可不趁機講明。漢王橫說：「往者天嘗連雨，東北風，海水溢，西南出，寖數百里，九河之地，已為海所漸矣。」[277] 是造成誤會的原因之一。

《禹貢·冀州》：「夾右碣石，入於河」，又導山「至於碣石，入於海」。《孔傳》：「碣石，海畔山」，未指明山的所在。《漢書》二八下「右北平郡驪成縣」已有「大揭石山在縣西南」；

---

[275] 據《錐指》三〇引。

[276] 《經世文編》一〇一。明隆慶六年吳從憲奏，「海潮逆流」，《續行水金鑑》一五引高晉、李宏奏，「每當潮長時，入海之水，不無頂阻」，又《光緒東華錄》七五陳士傑稱「海潮上迎」，正可作為逆河的正解。

[277] 《漢書》二九〈溝洫志〉。

而同書五文穎注：「碣石在遼西絫縣，絫縣今罷屬臨榆，此石著海旁」，復別出一碣石，是造成誤會的原因之二。

西晉的臣瓚說：「〈禹貢〉曰，夾右碣石，入於海，[278] 然則河口之入海，乃在碣石，武帝元光三年河徙東郡，更注渤海，禹時不注渤海也」，是造成誤會的原因之三。

累積著種種誤會，於是引起宋儒們一串特殊的理解，現在只選出一兩家作例子。如薛季宣《書古文訓》：「河入海處舊在平州石城縣，東望碣石……其後大風，逆河故處皆漸於海，舊道堙矣。」又黃度《尚書說》：「逆河、碣石今皆淪於海。」[279] 清初的有名學者們像閻若璩、胡渭，均以為說得有理。胡氏更大加讚賞，他說：「按經所謂海乃東海，在碣石之東，而說者以為渤海，由不知渤海故逆河，後為海所漸耳。」批評《史記‧河渠書》及《漢書‧溝洫志》作「入於渤海」為錯誤；他又有駁臣瓚的一段話，以為「不知漢人所謂渤海者，其北一半即逆河之故道也，河豈能越渤海而至碣石哉？」[280] 這種論調出自有名學者的口吻，不禁令我大為驚訝。

他們的理論裡面帶著好幾個疑問，是很難解答的：第一，西伯利亞的東北風，固然是有名厲害，渤海灣裡的西南方海

---

[278]　據《史記》二九〈集解〉所引：但今本《漢書》二九的注又作「入於河」。

[279]　均據《錐指》四〇中下及《行水金鑑》五引。黃度字文叔，《宋史》三九三有傳，曾著《尚書說》七卷，收入《通志堂經解》裡面；又《宋史》同卷的黃裳也字作文叔。

[280]　胡渭的話均見《錐指》四〇中下。

岸，也許因此時有坍塌，但說在有史時期之內，九河或逆河都完全陸沉，那須提出地理實據。[281]

第二，「夾右碣石，入於河」，《史記》二作「入於海」，《集解》引徐廣注「海一作河」，可證徐廣所見本是「海」字，不是傳刻的錯誤。同卷《集解》引臣瓚注也作「入於海」，是原本作「海」或作「河」，我們先有考慮之必要。胡渭並沒注意到這一點，便強調冀州之作「河」為別有意義。

胡渭在《錐指》四〇中下說：「冀州云夾右碣石入於河，則逆河在碣石之西可知，導山云至於碣石入於海，則海在碣石之東又可知矣。導河不言碣石，以行至逆河而止耳，非省文也。碣石者河海之限，渤海者逆河之變也。」這樣來分析古史，實是非常曲解，單據「入於河」這一句，我們哪知道河在碣石的西邊呢？

《尚書正義》根據《孔傳》，以為「河入海處遠在碣石之南，禹行碣石，不得入於河也，蓋遠行通水之處，北盡冀州之境，然後南迴入河而逆上也。」我引了他們許多話，已是

---

[281] 德國里希霍芬（Richthofen）於 1868～1872 年來華考察，認為中國海岸，自寧波以南屬於下沉的，以北是在上升進行中；這因為華北海岸線大部分屬於沙岸，多平直而少變化，很像是海底平原的隆起，故有如此的認知。到 1903～1904 年間，美國地質學家維理士（Baily Willis）隨許多學者研究之後，又以為中國北部海岸線也屬於溺灣（Ria）沉降型。直至最近二十多年，才確定中國海岸線就大體上說，雖是沉降，但於最近的地質時期中，曾做過輕微的上升（1951 年 2 月中山大學陳國達著《中國海岸線問題》三五二～三五三頁）。然而無論怎樣下沉，那都是地質時期的事，不是有史時期的事。《水利論叢》提出的疑問（一零六～一零七頁），似乎尚待進一步的研究。

比較嘮叨，而經生家的真意，依然不易明瞭。現在我再替他們來一個說明，使得讀者知道舊日經生家的思想是如何不切實際。

他們的大意，認為禹於不同時間分做三項工作：（1）考察區域的工作。禹在考察冀州時，並非循著黃河下去，只是繞出該州的北境，東達碣石，再由河口沿河行向上游，「入於河」就是說從東海進入河口。（2）考察山脈的工作。禹是經碣石行至東海的海濱。（3）考察水流的工作。這一回禹只行至逆河（胡氏以為即現在的渤海）而止，並沒有出到碣石和東海。照這樣說，導河節之末，為什麼要添上「入於海」那一句呢？他們的理解是多麼迂闊難通啊！讓一步說，認禹是人帝，則他所寫的〈禹貢〉應是工作的「總結」，不是工作的「日記」，調查區域和山川情況，實際上必須同時並行，不會查山時不查水，查水時又不查山那樣單調的。不意舊日經生家竟表現如此奇想，無怪乎經學作品儘管汗牛充棟，而能使人滿意的卻非常之少了。

第三，《漢書‧地理志》的大揭石山，上頭未著〈禹貢〉字樣，如果認班固以為即〈禹貢〉之碣石，那就出於臆測。

第四，碣石的命名也許是取音而非取義，那麼，臣瓚的「此石著海旁」，胡渭的「此山不過一海濱之巨石」[282]，只能

---

[282] 《錐指》二九。

是片面的解釋。

第五，鄭玄說《戰國策》的碣石在九門縣；[283]《太康地理志》說樂浪遂城縣有碣石山，長城所起；[284] 郭璞《山海經‧海內東經注》：「今濟水自滎陽卷縣東經陳留……東北經濟南，至樂安博昌縣入海，今碣石也。」[285]《水經注》一四〈濡水〉：「文穎曰，碣石在遼西絫縣……漢武帝亦嘗登之以望巨海而勒其石於此，今枕海有石如甬道數十里，當山頂有大石如柱形，往往而見，立於巨海之中。潮水大至則隱，及潮波退，不動不沒，不知深淺，世名之天橋柱也。狀若人造，要亦非人力所就，韋昭亦指此以為碣石也。《三齊略記》曰，始皇於海中作石橋。」[286]《隋書》三〇盧龍縣有碣石。又明人劉世偉稱山東海豐縣北六十里有馬谷山，一名大山，高三里，周

---

[283] 據《禹貢正義》引。

[284] 據《史記》二〈索隱〉引。

[285] 《水經注》八：「郭景純曰，濟自滎陽至樂安博昌入海，今河竭，濟水仍流不絕。」郝懿行《山海經箋疏》一三以為「今河竭」三字屬郭注，「今碣石也」當從《水經注》作「河竭也」，他的話並沒有細審兩書的文義。「郭注」前文並未提及黃河，何以忽說「河竭」？這是「郭注」不能改作「今河竭」的理由。郝氏也認「濟水仍流不絕」一句為道元自注，但這一句的「仍」字，系與上句「今」字相反映，不能因「竭」「碣」字形相近而分拆為兩個人的話，這是「今河竭」一句不能作為「郭注」的理由。

[286] 賈耽《通道記》稱為秦王石橋，《元和志》一一：「（文登）縣東北海中有秦始皇石橋，今海中時見有豎石似柱之狀。」劉鈞仁以為在今大凌河口、天橋廠、葫蘆島一帶，並引《錦縣誌》：「天橋廠有大小筆架山二島峙海中，潮退見天橋。」又《錦西縣誌》：「葫蘆島之東南端曰葫蘆嘴，與天橋廠遙對；西南為獅子頭，遙望斷岡，有半拉山突出；南有小島曰高粱，聳立海中之石巖也。」（《濟陽博物院彙刊》一二〇～一二一頁《碣石新考》）

六七里，疑即古之碣石，為河入海處。[287] 試將各家的註解連
繫今地，則：

驪成 樂亭西南。

九門 藁城西北。

遂城 平壤南。

博昌 博興南。

絫 昌黎南。

盧龍 今同名。

文登 今同名。

海豐 今改無棣。

他們臆想中的地點在實際上雖然有些是復出，但被呼作
碣石的仍不下五六處。再如秦始皇、秦二世、漢武帝、曹
操、後魏文成帝等所登的碣石，究在什麼地方？又未能確切
的考定。酈道元根據張氏「碣石在海中」之記載，[288] 屢稱碣
石「苞淪洪波」，胡渭深信他的話，以為「有其故，有其時，
有其證，有其狀，鑿鑿可據」。[289] 但《水經注》一四固說：

---

[287] 據《錐指》三八上引，顧炎武《肇域志》採其說。

[288] 《水經注》五；通行本作「張君」，戴本作「張折」。《禹貢山川地理圖》上：
「……酈道元力主王橫、張揖所言，以為九河、逆河、碣石已皆淪沒於海」，
是程大昌所見的《水經注》本作張揖。《禹貢錐指》三八上只稱，「未審張君
是揖否？」按「揖」字的行寫很像「折」，當是「張揖」字的錯誤，《禹貢正義》
也引過張揖大伾之說，見前注 25。

[289] 均見《錐指》三八上。

「昔在漢世，海水波襄。」是早在漢朝，碣石已淪入海裡，為
什麼曹操、文成帝還可登臨？胡氏似亦覺得理不可通，因又
作「此山雖淪於海，而去北岸不遠，猶可揚帆攬勝」的轉圜之
語。[290] 今查《魏書》五，太安四年（四五八年）二月，「登碣
石山，觀滄海……改碣石山為樂遊山，築壇記行於海濱」，而
酈道元撰書約在延昌至孝昌年間（五一二～五二七年）。[291] 相
差不過五六十年，那會短短時間就無遺跡可尋？何況酈道元
死後二十六年（五五三年），齊文宣尚登碣石山一次。[292] 胡氏
又說：「道元家酈亭，距臨榆才五六百里，所謂碣石苞淪洪
波者，乃以目驗知之。」[293] 無論時間、空間都這麼相近，為
什麼他對於本朝的巡遊重典，竟至於毫無聞見？胡氏也知道
「今昌黎縣南，海中無一山，自撫寧以東更二三百里，海中亦
無一山」，因推諉為「不知至何時復遭蕩滅」[294]，在事實上那

---

[290]　同上。

[291]　《聖心》二期，拙著《水經注卷一箋校》三頁。

[292]　《錐指》三八上：「按道元卒於魏孝昌二年，歲在丙午，下距齊文宣登碣石之
　　　歲天保四年癸酉，凡二十八年。而文宣所登乃在營州，前此營州未聞有碣
　　　石，疑是時平州之碣石已亡，故假營州臨海之一山為碣石而登之，以修故
　　　事。」按道元死於孝昌三年丁未，不是二年丙午。我又檢《北齊書》卷四來一
　　　看，原文稱十月「丁未，至營州；丁巳，登碣石山，臨滄海。十一月己未，
　　　帝自平州遂如晉陽。」丁巳是到營州後之第十日而離平州前之第二日，可見
　　　文宣登碣石的時候，已到了平州，史書不能把整個行程逐日登記，略去到平
　　　州的日子（或者就是丁巳日）是很平常的事。胡氏只注重空間性而忽略了時
　　　間性，所以捏造成營州別有碣石的假設。

[293]　均《錐指》三八上。

[294]　同上。

是很難說得通的。[295] 總括一句，《水經注》的記載是否像胡氏所稱「鑿鑿可據」？因為道元把驪成、絫縣兩個碣石合而為一，已被胡氏指出他的錯誤。[296]

第六，王橫說渤海灣的西南地面被海水侵陸，也許理之所有。但薛、黃、胡等又進一步認為逆河已變成了渤海，是整個渤海灣都在有史期內被海水所侵蝕而形成的了。但近代大沽口外一帶，卻一天一天地淤淺，那又怎麼樣說呢？

第七，薛季宣認河入海處舊在平州石城縣（引見前），依《錐指》四〇中下，唐石城縣在灤州南三十里；胡渭認碣石為河、海之限（引見前），主張用文穎的注，在今昌黎縣東絫縣故城之南。他更進一步肯定：「以經言之，河乃自章武東出為逆河，逕驪成至絫縣碣石山入海，又過郡二，右北平、遼西。」[297] 就是說，禹河經現在滄縣的東北，樂亭縣的西南，至昌黎縣之東而後入海。那麼，古時鮑丘水、濡水（灤河）等都須匯入黃河而後出海了，是多麼不可信的事！而且樂亭縣地方還在渤海灣裡面，胡氏以為東海，也是不對的。胡氏在《錐指》四〇中下亦曾引別人的駁論說：「碣石在盧龍縣南二十三里，離海七八十里，而河欲至此入海，則必自今天津北行，歷寶坻界，轉東自豐潤逕灤州廢石城縣南，又東過盧

[295] 蔣廷錫《尚書地理今釋》也稱：「海水蕩滅之說，又荒誕不可信。」
[296] 《錐指》三八上。
[297] 同上四〇中下及三八上。

龍縣南而南入於海，取道迂遠，地勢益高，無是理也。」他的反駁只是：「誠知渤海即逆河，而碣石負海，當逆河之沖，則紛紛諸說，不攻而自破矣。」然而逆河變為渤海，依他們的說法，是後世的事，空洞的理論終戰勝不過明確的事實，正像蘇轍所稱：「契丹之水皆南注於海，地形北高，河無北徙之道。」黃河哪能經過右北平、遼西兩郡而後入海呢？

回頭再說正文。〈禹貢〉「北過降水」以下五句，試依照上面我提出的新解，把它完全轉為語體，就是說：「黃河向北方經過氾濫的地面之後，到達了平原一帶，又再向北方分為好幾個支派，流入海去，那些支派都一樣的有海潮來往。」這種空空洞洞不著邊際的話，要拿它來定戰國時代——即東周河徙以後的黃河流域——實在無從根據。

根據〈禹貢〉來治河或作出治河論，至近代甚而最近，仍然有人抱著這等迷信，現在只挑出一兩件來作例子。如嘉慶十六年六月，勒保等奏：「近年籌河諸臣皆執〈禹貢〉同為逆河之說，謂海口之水，宜合而不宜分，又請將旁洩之路，皆行堵閉；又執靳輔束水攻沙之說，請築新堤，逼溜入海。但〈禹貢〉同為逆河之上，尚有播為九河一語，可見黃河入海處非一路可容，而向日王家營減壩，馬家港支河，皆合於播為九河之義，非可概行堵閉。」[298] 又如《中國水利史》說：「河自此（大伾）大折而北，行東、西兩山之間，沛然而下，河道

[298] 《續金鑑》三八。

穩暢，此為成功之第一關鍵。……又同為逆河以敵海，流聚則力強，海口暢利，經久不淤，此為成功之第二關鍵。」[299]我們知道〈禹貢〉非治河之書，原可不必討論他們的是非，最重要的是以後不可再陷入經義治河的圈套。

前頭各節已揭出上古沒有大禹治河，〈禹貢〉只是戰國時期的作品，本節即跟著指出它所描寫的「禹河」，就是「東周河徙後的新河」，把那過去看作不同的兩種河道統一起來，便消除了許多錯誤的觀點，得出結論如後：

《史記》說「禹河」有二渠，根於司馬遷、王橫隨西山下東北往高地的簡單指示，顯然以「鄴東故大河」為二渠之一，其他一渠卻難於揣測。到魏（三國）孟康才首作二渠一為「王莽河」、一為漯川的說明，以後經生家便信奉不變。至宋程大昌始推翻「王莽河」的舊說，再次提出「鄴東故大河」為禹河，清胡渭的觀點相同。但鄴東的河道很早就已斷絕（說見下文第八節），譬如說當日北邊沒有漯川那一渠，試問黃河從哪處出海？結論我們應得承認漯川就是其中的一渠。

〈禹貢〉導河一節關於下游那四五句，往日經生家都看成是研究「禹河」的最要關鍵；但經過分析，改為現在的語體，則它的意義只是說：「向北方經過氾濫的川流（北過降水），到達平原一帶（至於大陸），再北分派為好幾道支流（又北播

---

[299] 《水利史》二～三頁。

為九河），同是有海潮逆入的（同為逆河）。」所用的都是通名。〈禹貢〉作家對於當時下游的實際情況，不見得有什麼真切了解。

電子書購買

爽讀 APP

## 國家圖書館出版品預行編目資料

黃河變遷史——〈禹貢〉與商族遷都：重源說
駁辯 × 河患遷徙 × 東周改道 × 流域分析，從
神話源起到史料記載，橫跨數千年的水文考察 /
岑仲勉 著 . -- 第一版 . -- 臺北市：崧燁文化事業
有限公司 , 2024.06
面；　公分
POD 版
ISBN 978-626-394-394-0( 平裝 )
1.CST: 水利工程 2.CST: 歷史 3.CST: 黃河
682.82　　113007763

## 黃河變遷史——〈禹貢〉與商族遷都：重源說駁辯 × 河患遷徙 × 東周改道 × 流域分析，從神話源起到史料記載，橫跨數千年的水文考察

臉書

作　　者：岑仲勉
責任編輯：高惠娟
發 行 人：黃振庭
出 版 者：崧燁文化事業有限公司
發 行 者：崧燁文化事業有限公司
E - m a i l：sonbookservice@gmail.com
粉 絲 頁：https://www.facebook.com/sonbookss/
網　　址：https://sonbook.net/
地　　址：台北市中正區重慶南路 1 段 61 號 8 樓
8F., No.61, Sec. 1, Chongqing S. Rd., Zhongzheng Dist., Taipei City 100, Taiwan
電　　話：(02) 2370-3310　　傳　　真：(02) 2388-1990
印　　刷：京峯數位服務有限公司
律師顧問：廣華律師事務所 張珮琦律師

-版權聲明

本書版權為樂律文化所有授權崧燁文化事業有限公司獨家發行電子書及紙本書。若有
其他相關權利及授權需求請與本公司聯繫。
未經書面許可，不得複製、發行。

定　　價：299 元
發行日期：2024 年 06 月第一版
◎本書以 POD 印製
Design Assets from Freepik.com